PATRICIA CONLAN

Die Bedeutung der EWG-Freizügigkeit für Irland

Tübinger Schriften
zum internationalen und europäischen Recht

Herausgegeben von

Thomas Oppermann

in Gemeinschaft mit

Heinz-Dieter Assmann, Hans v. Mangoldt
Wernhard Möschel, Wolfgang Graf Vitzthum

sämtlich in Tübingen

Band 23

Die Bedeutung der EWG-Freizügigkeit für Irland

Fallstudie Irland – Bundesrepublik Deutschland

Von

Dr. Patricia Conlan
B.A., LL.B., LL.M. (N.U.I.)

Duncker & Humblot · Berlin

Die Deutsche Bibliothek – CIP-Einheitsaufnahme

Conlan, Patricia:
Die Bedeutung der EWG-Freizügigkeit für Irland: Fallstudie Irland – Bundesrepublik Deutschland / von Patricia Conlan. – Berlin: Duncker und Humblot, 1991
(Tübinger Schriften zum internationalen und europäischen Recht; Bd. 23)
Zugl.: Tübingen, Univ., Diss., 1990
ISBN 3-428-07217-0
NE: GT

D 21

Satz: TecDok März, Tübingen
Druck: Berliner Buchdruckerei Union GmbH, Berlin 61
Printed in Germany

ISSN 0720-7654
ISBN 3-428-07217-0

Vorwort

Bei der vorliegenden Arbeit handelt es sich um die überarbeitete Fassung meiner Dissertation, die im SS 1990 von der Juristischen Fakultät der Eberhard-Karls-Universität Tübingen angenommen wurde. Obwohl die Forschungen im wesentlichen Anfang 1990 abgeschlossen waren, konnten dank des Statistischen Bundesamts und der Bundesanstalt für Arbeit für die Drucklegung noch eine Reihe aktueller Entwicklungen bis Dezember 1990 berücksichtigt werden.

Zu Dank bin ich in erster Linie meinem verehrten Doktorvater, Prof. Dr. Dr. h.c. Thomas Oppermann, verpflichtet, sowohl für die Betreuung während der Jahre an seinem Lehrstuhl als auch für die Aufnahme der Arbeit in die „Tübinger Schriften zum internationalen und europäischen Recht". Mein Dank gilt auch Prof. Dr. Hans-Dieter Assmann für die Übernahme und zügige Erstellung des Zweitgutachtens und Prof. Dr. Wolfgang Graf Vitzthum für seinen Einsatz als Zweitprüfer.

Ohne die großzügige Hilfe des deutschen Beamtentums – insbesondere der SEDOC-Abteilung der ZAV, des Statistischen Bundesamts und der Bundesanstalt für Arbeit – wäre die Arbeit so nicht zustande gekommen; das gleiche gilt in bezug auf SEDOC für Mr. Barrie Wilson von der EG. Dr. Winfried Lagler (Universitätsbibliothek Tübingen) hat bei der Beschaffung wichtiger Materialien sehr geholfen. Meinen Dank an Dr. Claus-Dieter Classen für seine kollegiale Hilfsbereitschaft möchte ich gleichfalls zum Ausdruck bringen. Für die technische Betreuung bei der Vorbereitung der Arbeit für die Drucklegung danke ich Dr. Wolfgang März. Ganz herzlich zu danken ist sowohl denjenigen, die sich bei der Durchführung der Umfrage alle Mühe gegeben haben, damit der Kreis der Befragten bzw. Antwortenden so groß wie möglich werden konnte, als auch denjenigen, die sich auf den Fragebogen hin so ausführlich geäußert haben. „Last but not least" bedanke ich mich bei allen, die auf verschiedene Weise zum erfolgreichen Abschluß der Arbeit beigetragen haben.

Galway / Irland, im Februar 1991 *Patricia Conlan*

Inhaltsverzeichnis

Abkürzungsverzeichnis

Abs.	Absatz
A.C.	Appeal Court
AEI	Arbeitskreis Europäische Integration
AFG	Arbeitsförderungsgesetz
AJCL	American Journal of Comparative Law
AnCO	(The Industrial Training Authority)
Art.	Artikel
AufenthG / EWG	Aufenthaltsgesetz / EWG
AuslG	Ausländergesetz
BAA	Bundesanstalt für Arbeit (frühere Bundesanstalt für Arbeitsvermittlung und Arbeitslosenversicherung)
BDSG	Bundesdatenschutzgesetz
Bek.	Bekanntmachung
BGBl.	Bundesgesetzblatt
BVerfG	Bundesverfassungsgericht
Cah.dr.europ.	Cahiers du droit européen
C.D.G.	Carl-Duisberg-Gesellschaft
CERT	National body responsible for co-ordinating the education, recruitment and training of personnel for the hotel, catering and tourism industry of Ireland with priority for the needs of the tourism sector
C.I.I.	Confederation of Irish Industry
C.M.L.Rev.	Common Market Law Review
CSO	Central Statistics Office (Irland)
d.	der / die / das
DÖV	Die Öffentliche Verwaltung
EG	Europäische Gemeinschaften
EGKS	Europäische Gemeinschaft für Kohle und Stahl
ELRev.	European Law Review
ENA	Europäisches Niederlassungsabkommen
EuGH	Europäischer Gerichtshof

EuGRZ	Europäische Grundrechte-Zeitschrift
EURATOM	Europäische Atomgemeinschaft
EWG	Europäische Wirtschaftsgemeinschaft
FAS	Foras Aiseanna Saothair (Training & Employment Authority)
g.	gegen
GB	Groß-Britannien (England, Schottland, Wales)
GBl.	Gesetzblatt
gem.	gemäß
GG	Grundgesetz
IAB	Institut für Arbeitsmarkt- und Berufsforschung der Bundesanstalt für Arbeit
IAESTE	International Association for the Exchange of Students for Technical Experience
IAO	Internationale Arbeitsorganisation
IDA	Industrial Development Authority (Irland)
i.d.F.	in der Fassung
ILO	International Labour Office
ILRM	Irisch Law Reports Monthly
IR	Irish Reports
JCMS	Journal of Common Market Studies
JZ	Juristen-Zeitung
MRRG	Melderechtsrahmengesetz
NESC	National Economic and Social Council
NJW	Neue Juristische Wochenschrift
NMS	National Manpower Service
OECD	Organisation für wirtschaftliche Zusammenarbeit und Entwicklung
PTA	Prevention of Terrorism (Temporary Provisions) Act
Rdnr.	Randnummer
Rev.M.C.	Revue du Marché Commun
RGBl.	Reichsgesetzblatt
Riv.dir.eur.	Rivista di diritto europeo
RIW	Recht der internationalen Wirtschaft
RL	Richtlinie
RS	Rechtsprechung

S.	Seite oder Satz
s.	section
SBA	Statistisches Bundesamt
SEDOC	Europäisches System zur Übermittlung von Stellen- und Bewerbeangeboten im internationalen Ausgleich
SFADCO	Shannon Free Airport Development Company (Irland)
SGB	Sozialgesetzbuch
s.o.	siehe oben
ss.	sub-section(s)
StJB	Statistisches Jahrbuch (der Bundesrepublik Deutschland)
s.u.	siehe unten
SV	Schriftverkehr
Tz.	Teilziffer
UNESCO	United Nations Educational Scientific and Cultural Organization
Usw.	und so weiter
v.	versus
vgl.	vergleiche
V.K.	Vereinigtes Königreich (England, Schottland, Wales und Nord-Irland)
VO	Verordnung
V.S.	Vereinigten Staaten von Amerika
VwV	Verwaltungsvorschrift
YEA	Youth Employment Agency
ZaöRV	Zeitschrift für ausländisches öffentliches Recht und Völkerrecht
ZAR	Zeitschrift für Ausländerrecht und Ausländerpolitik
ZAV	Zentralstelle für Arbeitsvermittlung

Im übrigen wird auf Hildebert *Kirchner* / Fritz *Kastner*, Abkürzungsverzeichnis der Rechtsprache, 3. Aufl. Berlin / New York 1983, verwiesen.

Einleitung

I. Problemstellung

Die Freizügigkeit der Arbeitnehmer innerhalb der EWG kann auf verschiedene Weise betrachtet werden. Auf den ersten Blick stellt sie eine derzeitige Entwicklung des Phänomens Arbeitskräftewanderungen dar, die im Laufe der Jahrzehnte zustandegekommen sind. Bei genauerer Betrachtung dient sie z.B. als ein Mittel, um den Bedarf der Wirtschaft der Mitgliedstaaten an Arbeitskräften zu befriedigen und gleichzeitig den Auswanderungswilligen Arbeitsplätze zur Verfügung zu stellen, m.a.W. als ein Ausgleichsmechanismus zwischen Angebot und Nachfrage auf dem gemeinschaftlichen Arbeitsmarkt. Dem Auswanderer (und seinen Familienangehörigen) kann sie eine Verbesserung der Lebens- und Arbeitsbedingungen verschaffen und damit auch einen sozialen Aufstieg erleichtern. Rein pragmatisch gesehen, kann sie eine erhebliche Erleichterung zur tatsächlichen Mobilität beitragen, z.B. in der Beseitigung der Hindernisse und der Förderung von Austauschprogrammen. Man kann sie auch als Grundrecht der EWG-Bürger ansehen, nämlich als das Recht des potentiellen Auswanderers auf Freizügigkeit innerhalb der Gemeinschaft. Schließlich kann Freizügigkeit als ein Beitrag zum europäischen Integrationsprozeß betrachtet werden, und zwar auf mehreren Ebenen; auf der Ebene des einzelnen Bürgers, der sein Recht auf Freizügigigkeit in Anspruch nimmt und andere Mitgliedstaaten kennenlernt, sowie auf der allgemeinen Ebene, wobei gegenseitige Vorteile dank des Erfahrungsaustausches aller Beteiligten zu erkennen sind.

Ein wirtschaftlicher Bedarf an Arbeitskräften kann sich aus verschiedenen Gründen ergeben. Es kann z.B. wegen einer wirtschaftlichen Expansion an Arbeitskräften fehlen – wie in den 50er und 60er Jahren in der Bundesrepublik –, oder aus demographischen Gründen, wie bis vor kurzem in der Bundesrepublik befürchtet wurde, oder sogar nur wegen eines Fachkräftemangels, obwohl insgesamt genügend Arbeitskräfte vorhanden sind. Die Faktoren, die bei Auswanderungen einen Einfluß ausüben, sind zahlreich und komplex, aber als „leitender Faktor“ läßt sich der ökonomische Druck bestimmen, sowohl im Herkunfts- als auch im Aufnahmeland.

Auswanderung ist ein festes Phänomen in der Geschichte Irlands: Nachdem ein leichter Rückgang im Laufe der 60er Jahre, vor dem Beitritt in die EWG, zu spüren war, nahm Anfang der 70er Jahre die Auswanderung wieder zu und steigerte sich erheblich in den 80er Jahren. Mangels „unmittelbarer Verwaltungsmaßnahmen“ bezüglich der Auswanderung in Irland fehlen genaue Angaben über die Zahl der Auswanderer. Es fehlen auch Angaben über deren Berufsbild – erwähnt wird das Phänomen des „Brain-Drain“ – und deren (endgültige) Zielländer. Zusammen mit den traditionellen Zielländern (Großbritannien und Vereinigte Staaten) wird immer häufiger auf „Europa“ und besonders auf die Bundesrepublik hingewiesen. Obwohl die Behauptung besteht, es weilten eine hohe Zahl irischer Arbeitnehmer in der Bundesrepublik – viele davon eine Art „Brain-Drain“ –, wird hauptsächlich wegen der demographischen Unterschiede zwischen den beiden Mitgliedstaaten von einem zukünftigen Bedarf gesprochen. Zudem wird auch auf die vermutete wirtschaftliche Lage in der Bundesrepublik hingewiesen, besonders im Vergleich zur durch mangelnde Arbeitsplätze gekennzeichneten ökonomischen Lage in Irland; von einer „vermuteten“ wirtschaftlichen Lage seitens der Iren insofern, als die sektoralen und regionalen Unterschiede auf dem deutschen Arbeitsmarkt nicht zur Kenntnis genommen werden. Die voraussichtliche Dauer dieses Ausstroms ist umstritten; Hauptgrund hierfür soll neben den in Irland fehlenden Arbeitsplätzen der demographische Druck sein.

Da es besonders im Hinblick auf die Wiedervereinigung Deutschlands nicht unbedingt sinnvoll wäre, gerade jetzt einen Blick in die Zukunft zu versuchen, scheint es zweckmäßig, einen Blick auf die Entwicklung in der Vergangenheit und der Gegenwart zu werfen, um einen Einblick zu vermitteln, inwieweit die irischen Auswanderer ihr Recht auf Freizügigkeit der Bundesrepublik gegenüber in Anspruch genommen haben; dies insbesondere angesichts der Tatsache, daß Auswanderung ein festes Phänomen in der Geschichte Irlands ist, und daß Irland mit Abstand das größte Auswanderungsland in der Gemeinschaft ist.

Angesichts der fehlenden statistischen Angaben in Irland soll die Arbeit dazu dienen, etwas Klarheit in die Debatte zu bringen, auch wenn sich die exakte Anzahl der Iren bzw. irischen Arbeitnehmer in der Bundesrepublik nicht feststellen läßt. Die Tatsache, daß eine solche Quantifizierung nicht möglich ist, weist sogar auf ein weiteres Problem hin: wie ist die Diskrepanz in den Angaben des Statistischen Bundesamts (SBA) zwischen der Zahl der Staatsangehörigen und der der versicherungspflichtig beschäftigten Arbeitnehmer zu erklären? Wie läßt sich die Diskrepanz zwischen den Angaben der SBA und den Behauptungen, daß es „viel mehr“ Iren gäbe, als in den Angaben des SBA enthalten sind, erklären? Wie läßt sich diese Diskrepanz mit der Behauptung, es ginge hier um einen „Brain-Drain“, in Einklang bringen?

II. Gang der Arbeit

In Teil A wird das Thema Auswanderung behandelt. Zu einer Vertiefung dieses Themas dient die Fachliteratur, denn hier wird nur eine grobe Schilderung gegeben, damit die ganze Problematik auf dem entsprechenden Hintergrund klarer wird. Zunächst wird ein Überblick gegeben über die vielen Faktoren, die hierauf einen Einfluß ausüben; da viele davon nicht in die thematische Begrenzung der Arbeit passen, können sie nicht ausführlicher behandelt werden. Danach wird eine kurze Schilderung des Phänomens Auswanderung im allgemeinen, in der EWG, in der Bundesrepublik und schließlich im besonderen in Irland geboten. Damit soll nicht nur die besondere Stellung der Auswanderung in der Geschichte Irlands deutlich gemacht, sondern auch ein Eindruck der Fortdauer des Problems vermittelt werden. Dies dient dazu, die Bedeutung aufzuzeigen, die das Recht auf Freizügigkeit der Arbeitnehmer innerhalb der Gemeinschaft für potentielle irische Auswanderer hat. Daraus ergeben sich zwei Fragen: inwieweit ist dies ein Faktor bei den Überlegungen zur irischen EWG-Mitgliedschaft gewesen, und wie ist die derzeitige Haltung der irischen Seite gegenüber Freizügigkeit zu bewerten? Darüber hinaus werden einige irische Rechtsvorschriften – einschließlich des Wahlrechts –, die bei der Auswanderung von Bedeutung sind, kurz geschildert, hauptsächlich um einen Vergleich sowohl im allgemeinen als auch mit den Aufnahmeländern zu ermöglichen.

Das Recht der Arbeitnehmer auf Freizügigkeit innerhalb der Gemeinschaft wird inhaltlich in Teil B knapp geschildert. Da dem Thema Freizügigkeit der Arbeitnehmer innerhalb der Gemeinschaft eine erhebliche Literatur gewidmet worden ist, scheint es wenig nützlich, in dieser Arbeit in Einzelheiten zu gehen, besonders angesichts der Tatsache, daß der Zweck der Arbeit darin liegt, herauszufinden, ob es von irischen Auswanderern gegenüber der Bundesrepublik in Anspruch genommen worden ist. Der ausgewählte Personenkreis beschränkt sich auf Arbeitnehmer und schließt dabei Familienangehörige und Selbständige und deren Familienangehörige nicht ein. Dem SEDOC-System, das eine wirksame und beitragende Maßnahme zur Herstellung der Freizügigkeit hätte sein können, wird besondere Aufmerksamkeit gewidmet. EWG-Maßnahmen, die zur Ausübung des Rechtes auf Freizügigkeit besonders beitragen können, werden geschildert, z.B. das Austauschprogramm junger Arbeitskräfte, der EG-Beamtenaustausch sowie einige flankierende Maßnahmen infolge des „Europa der Bürger“ bzw. Bestrebungen zur Vollendung der Binnenmarkt-Initiativen.

In Teil C soll versucht werden, darzustellen, welche Sorgen die irische Regierung während der beiden Vor-Beitrittsphasen und der Periode vor der EEA-Volksabstimmung hatte, einschließlich ihrer Haltung zum Freizügigkeitsrecht der Arbeitnehmer, was angesichts des Phänomens der irischen Auswanderung in der Geschichte Irlands von besonderem Interesse sein könnte. Hinzu kommt die Diskussion in der Öffentlichkeit während der gleichen Perioden und die Haltung zur Frage der Freizügigkeit der Arbeitnehmer.

Teil D wird in zwei Unterteile geteilt. Im ersten Teil wird zunächst die rechtliche Entwicklung bezüglich der irischen Arbeitnehmer in der Bundesrepublik kurz dargestellt. Das zwischen der Bundesrepublik und Irland vereinbarte Gastarbeitnehmer-Abkommen wird ausgelegt. Dieses dient als Mittelweg zwischen den rein nationalen Ausländergesetzen und dem EWG-Vertrag.

Mangels entsprechender irischer statistischer Angaben wird versucht, mit Hilfe der Daten des Statistischen Bundesamts (SBA) und der Bundesanstalt für Arbeit (BAA) die Entwicklung bei Arbeitnehmern (Beschäftigten und Arbeitslosen) – vor und nach dem Beitritt – darzustellen. Damit wird versucht, herauszufinden, ob nach dem Beitritt eine Änderung der Zahlen zu erkennen ist, die als Hinweis in bezug auf Freizügigkeit der Arbeitnehmer und dessen Einfluß dienen könnte. Angaben zu den Wirtschaftszweigen, in denen irische Arbeitnehmer tätig sind, sowie zur Anzahl der Kindergeldberechtigten und Staatsangehörigen werden hinzugefügt.

Im zweiten Unterteil werden die Ergebnisse einer unter Iren in der Bundesrepublik durchgeführten Umfrage dargestellt. Zweck der Umfrage war es, einen Einblick in einige tatsächliche Erfahrungen mancher in Deutschland arbeitender irischer Arbeitnehmer zu erhalten, und zwar hauptsächlich im Hinblick auf Arbeitsvermittlung, Einreise und Aufenthalt. Diese Gebiete wurden ausgewählt, weil sie am leichtesten einen Überblick über die tatsächlichen Ausübung des Rechts auf Freizügigkeit ermöglichen. Dabei wurden auch andere Informationen gesammelt, die kurz dargestellt werden. Da die Umfrage nicht unter kontrollierbaren und reproduzierbaren wissenschaftlichen Bedingungen durchgeführt werden konnte, besteht kein Anspruch auf Allgemeingültigkeit für die gesamte irische Bevölkerung in der Bundesrepublik. Immerhin bleibt der Einblick in diese tatsächlichen Erfahrungen nicht ohne Erkenntniswert. Die Schlußfolgerungen werden in Teil E dargestellt, während die statistischen und anderen Angaben in Teil F zusammengestellt werden; diese Angaben dienen dazu, die Trends deutlich zu zeigen, sowie Belege für die im Text dargestellten Behauptungen zu erbringen.

A. Arbeitskräftewanderungen

I. Allgemeines

1. Überblick

Die Bestimmungsfaktoren[1] bei Arbeitskräftewanderungen sind sowohl zahlreich als auch komplex[2], und sie genießen in der Fachliteratur[3] große Aufmerksamkeit. Darunter befinden sich, ohne immer eine deutliche Begrenzung zwischen den einzelnen hier aufgelisteten Faktoren zu ergeben, u.a. rechtliche[4], ökonomische, politische und sozialpolitische sowie soziale/menschliche Faktoren bzw. Gründe, welche allein oder zusammen – in welcher Verflechtung auch immer – nach der jeweiligen Lage im Laufe der Jahrzehnte bei der Aus-/Einwanderungsentscheidung eine Rolle gespielt haben.

2. Rechtliche Bestimmungsfaktoren

Die erste rechtliche Hürde bei einer Aus-/Einwanderung stellt das Ausreiserecht dar; als nächstes kommen das Einreise- und das Aufenthaltsrecht und der Zugang zur Arbeit[5] in Betracht; Völkerrecht und nationales Recht sind hier beide von Bedeutung.

---

[1] Vgl. statt vieler die Auflistung in *Feithen*, S. 60 ff; zu den Wanderungstheorien ebd., S. 55 ff.

[2] Vgl. *EG-Kommission*, Regionalbewußtsein, S. 22. Bezüglich Irland vgl. *Hederman*, S. 13.

[3] Vgl. z.B. die (amtlichen) Veröffentlichungen von E(W)G, IAB, IAO, OECD, UNO und ESRI.

[4] Für einen Überblick zu den (rechtlichen) Bemühungen um die Beseitigung von Ausländerdiskriminierung auf internationaler Ebene vgl. *Grabitz*, Bürgerrecht, S. 18 ff.; *Tomuschat*, Freizügigkeit, S. 757-765.

[5] Zu Arbeits- und Sozialrecht und zu Problemen der Wanderarbeitnehmer vgl. *Derentinger*, S. 126 ff.

a) Ausreiserecht

Das Ausreiserecht als solches ist kein neues Thema auf der *internationalen* Ebene, wo es unterschiedlich betrachtet wird[6]. Es wird in sämtlichen inter nationalen (menschenrechtlichen)[7] Abkommen erwähnt[8], entweder als allgemeines Recht oder als Recht der Wanderarbeitnehmer[9] (und seiner Familie)[10]. Auf *nationaler* Ebene hingegen kommt das dieses Recht in mehreren[11] Verfassungen zum Ausdruck; es wird auch darauf durch verschiedene Instrumente mittelbar darauf hingewiesen[12] oder in der Rechtsprechung aus der Natur des Staates hergeleitet[13]. Um dieses „Recht"[14] in Anpruch nehmen zu können, hat der Herkunfts-Staat Maßnahmen[15] zu ergreifen, damit der Wanderarbeitnehmer in den Besitz des für die Einreise ins Aufnahmeland nötigen Ausweises bzw. Passes kommt[16].

b) Einreiserecht

Ohne die Debatte zu diesem Thema in der Literatur[17] hier aufgreifen zu müssen[18], wird hier von dem Recht des Aufnahmelandes ausgegangen, Arbeitskräftewanderungen[19] durch nationales Recht zu regulieren, u.a. um das

---

[6] Dazu *Plender*, S. 96 ff.

[7] Dazu *Higgins*, in: *Flory / Higgins*, S. 3 ff.

[8] Zum Status dieser Übereinkommen vgl. *Goodwin-Gill*, S. 44.

[9] U.a. IAO-Übereinkommen Nr. 97, Art. 4 (von der Bundesrepublik ratifiziert); Europäische Sozialcharta, Art. 18 IV (von der Bundesrepublik und Irland ratifiziert); Richtlinie 68/360, Art. 2, ABl. 1968 L 257/19.10.1968, S. 13.

[10] Dazu s.o. Fn. 6, S. 95.

[11] Für eine Auflistung (43) s.o. Fn. 6, S. 95-96.

[12] S.o. Fn. 6, S. 96.

[13] Z.B. in Irland vgl. The State (K.M) v. Minister for Foreign Affairs, 1977 High Court Decisions, Unpublished Vol. 5, Finlay P., S. 4 ff.

[14] Zur Frage des „Rechts" und des Passes überhaupt s.o. Fn. 8, S. 24 ff.

[15] Bezüglich der EWG vgl. Richtlinie 68/360, Art. 2 II.

[16] Zur Frage, ob ein Paß unbedingt nötig für die Ausreise ist, s.o. Fn. 8.

[17] Vgl. statt vieler s.o. Fn. 6, S. 1 ff.; *ders.*, S. 61 ff.; s.o. Fn. 8, S. 20-21; *ders.*, S. 96; *Randelzhofer*, Der Einfluß, S. 23 ff., 44.

[18] Um innerhalb der sachlichen Begrenzung zu bleiben.

[19] Zu „normalen" Reisenden s.o. Fn. 8, S. 50, 137; zu Flüchtlingen / Asylbewerbern S. 137 ff.; zu Diplomaten S. 147 ff.; zu „ordre public" und EWG S. 300.

innerstaatliche Gleichgewicht zu erhalten[20]. Gleichzeitig hat hier eine internationale Verflechtung, d.h. eine Reihe von multi-[21] und bilateralen Wanderarbeitnehmerabkommen[22] stattgefunden, die Verpflichtungen der Vertragsstaaten enthalten, die Einreise derjenigen, die in den Genuß des Anwendungsbereichs der entsprechenden Abkommen gekommen sind, zu erleichtern[23]; dies bedeutet eine Beschränkung des staatlichen Ermessens. Die Einreise für bestimmte Gruppen kann durch Abkommen geregelt[24] oder zwischen gewissen Staaten eine „Common Travel Zone" vereinbart werden, was bedeutet, daß der Paß/Ausweis nur bei der ersten Einreise in die Zone (aber nicht in den anderen Ländern bei späterer Einreise)[25] oder zwischen bestimmten Ländern nur für bestimmte Gruppen[26] kontrolliert wird.

c) Aufenthaltsrecht einschließlich Arbeitserlaubnisrecht

Wie beim Thema Einreise werden auch hier verschiedene Meinungen in der Literatur vertreten[27]. Unbestritten ist, daß sich diejenigen, die sich im Anwendungsbereich eines betreffenden Übereinkommens befinden, im Aufnahmeland dem Übereinkommen gemäß aufhalten und dort arbeiten können; die Einzelheiten des innerstaatlichen Alltags wie Meldepflicht, Steuerrecht usw. werden vom nationalen Recht bestimmt.

---

[20] Vgl. *Straubhaar*, S. 45.

[21] Vgl. u.a. (weltweit) HRLJ, Vol. 2, 1981, Instruments internationaux relatifs aux droits de l'homme, classification et état des ratifications au 1er janvier 1982, III Rdnr. 40, 41, 42; (regionale) Europäische Sozialcharta, Art. 18-19; EWG-Vertrag Art. 48 ff.

[22] Zum Hintergrund dazu s.o. Fn. 17, S. 14 ff. Für eine Auflistung internationaler Abkommen bezüglich *junger* Arbeitnehmer/Auszubildender, die zur Zeit der Gründung der EWG in Kraft waren, vgl. *UNESCO*, S. 19-93.

[23] S.o. Fn. 17 (*Randelzhofer*), S. 29.

[24] Z.B. Flüchtlinge; s.o. Fn. 8, S. 25.

[25] Vereinigtes Königreich, Kanalinseln, Isle of Man und Irland; s.o. Fn. 8, S. 40.

[26] Z.B. auf dem Nordischen Arbeitsmarkt; vgl. *Nelhans*, S. 104.

[27] Dazu Fn. 6, S. 1 ff.

3. Andere nicht-rechtliche Bestimmungsfaktoren

a) Ökonomische Faktoren

In der Literatur wird ökonomischen Faktoren große Aufmerksamkeit gewidmet. Hier kommen in Betracht: die ökonomische Lage sowohl im Herkunftsland als auch im Aufnahmeland, die sogenannten „push-pull"-Faktoren sowie die sozioökonomischen Faktoren[28]. Auf der Ebene der *einzelnen Bürger* werden für den Fall höherer Arbeitslosigkeit in seinem Land zwei Auffassungen vertreten; auf der einen Seite ist von einer steigenden Auswanderungsneigung die Rede[29], auf der anderen Seite stößt „dort, wo die meiste Arbeitslosigkeit ist, der Gedanke, wegzuziehen, auf sehr viel Ablehnung[30]" — was verständlich ist; lieber bleibt man da, wo man unterstützt wird[31].

b) Politische Faktoren

Politische Faktoren kommen auf mehreren Ebenen in Betracht, einschließlich der sozialpolitischen Ebene, denn sie üben einen Einfluß aus auf das alltägliche Leben der Ein-/Auswanderer, wobei sich die Frage stellt, ob erträgliche Bedingungen für ein zufriedenstellendes Leben der Menschen geschaffen werden. Dazu gehören auch Entscheidungen seitens des Staats bezüglich der Einwanderung von bestimmten Gruppen[32] oder sogar die Vermittlung von Arbeitsplätzen[33].

Auf der anderen Seite, in Zeiten politscher Unruhen oder bei unbehaglichem politischem Klima ist es vorstellbar, daß die Auswanderungsneigung der normalen Bürger steigt. Umgekehrt: Herrscht politische Unruhe oder wird ein unbehagliches politisches Kilma gespürt, sinkt die Attraktion eines Landes als Einwanderungsland.

---

[28] Für eine Auflistung vgl. statt vieler *OECD*, Emigrant, S. 39; *Böhning*, in *IAB*, S. 43, Rdnr. 4. S.o. Fn. 1, S. 37 ff., 112.

[29] Vgl. *Mayes*, S. 143.

[30] S.o. Fn. 2, S. 22.

[31] „Sogar die Arbeitslosen halten an vagen Hoffnungen auf eine Stelle fest; keine große Auswanderungsneigung läßt sich unter den Deutschen feststellen, denn sie scheinen ihr höhes soziales Sicherheitsnetz statt Risiko im Ausland vorzuziehen ..."; *ZAV/SEDOC* Bericht 9.1988 (vermittelt durch Schriftverkehr).

[32] Wie z.B. in Großbritannien bezüglich Leuten aus Hong-Kong nach 1997.

[33] S.u. zu den deutschen Anwerbekommissionen Fn. A/100.

c) Menschliche und soziale Faktoren

Die menschlichen Faktoren sind zahllos und lassen sich kaum übersehen. Am Ende trifft der einzelne selbst seine Entscheidung, und sie ist für außenstehende Betrachter kaum nachzuvollziehen. Was die Auswanderungsentscheidung bzw. die Neigung zu ihr betrifft, kommen u.a. die folgenden Faktoren in Betracht[34]: Alter der Auswanderer[35]; Ausbildungsniveau[36]; Suche nach in der Heimat nicht zugänglicher Berufserfahrung[37]; Wanderlust, Suche nach Abenteuer[38]; Unzufriedenheit mit der allgemeinen Politik bzw. dem Leben[39]; persönliche Gründe[40]. Bei der Wahl eines *bestimmten Aufnahmelandes* sind u.a. folgende Punkte relevant: persönliche Beziehungen zu seinen Einwohnern[41]; Tradition[42]; Sprache[43]; Aufnahmebedingungen[44]; Entfernung von zuhause[45]; Auskünfte über die soziale und Arbeitslage[46].

II. Arbeitskräftewanderungen im allgemeinen

1. Überblick

Ohne eine ausführliche Darstellung der Arbeitskräftewanderungen der vergangenen Jahrzehnte hier anbieten zu müssen, läßt sich feststellen, daß dieses Phänomen eine lange Tradition hat, denkt man z.B. an die Griechen in Baalbeek oder die Franzosen in Canterbury[47], auch wenn solche Migration in früheren Zeiten im Vergleich zum 19. und 20. Jahrhundert bescheidenere

---

[34] S.o. Fn. 28 (*Böhning*), S. 52 ff., Rdnr. 38 ff.

[35] S.o. Fn. 29, a.a.O.

[36] Vgl. statt vieler *EG*, Die sozialen Aspekte, S. 33.

[37] Bezüglich Irland vgl. *Kennedy* et al, S. 141.

[38] Vgl. *Siegel* et al, S. 323.

[39] Vgl. z.B. zu Irland *Dáil Éireann*, Dáil Debates 1989, Vol. 392, Column 1795.

[40] Vgl. *Böhning*, The Migration, S. 145: „idiosyncratic reasons ... personal nature".

[41] Vgl. dazu *Mehrländer*, S. 32; s.o. Fn. 1, S. 66; s.o. Fn. 20, S. 49 ff.

[42] S.o. Fn. 20, S. 49 ff.; s.o. Fn. 40, S. 147.

[43] S.o. Fn. 40, S. 148.

[44] S.o. Fn. 1, S. 60-61.

[45] Fn. 44, a.a.O.

[46] S.o. Fn. 41, S. 35; s.o. Fn. 1, S. 66.

[47] S.o. Fn. 22, S. 7. Vgl. auch *O'Fiaich*, insb. S. 8 zum Baumeister Konrad, der den dritten Abt von Regensburg 1150 nach Irland begleitete.

Ausmaße hatte[48]. Konzentriert man sich auf *europäische*[49] Auswanderungen, ist die Zeit der industriellen Revolution[50] der Ausgangspunkt für die „modernen" Auswanderungen, die sich im Laufe des 19. Jahrhunderts ausbreiteten und im 20. Jahrhundert fortsetzen[51].

2. Rechtliche Regelungen

a) Nationales Recht

Auf nationaler Ebene wurden Ende des 18. Jahrhunderts die ersten „modernen" rechtlichen Maßnahmen erlassen, um die Einwanderung zu kontrollieren, zuerst in England wegen des Zustroms aus dem revolutionären Frankreich, dann in Frankreich selbst infolge des Napoleonischen Kriegs und später u.a. in Amerika, der Schweiz, Kanada und Australien wegen der Einwanderungsströmungen[52]. Die wirtschaftlichen Krisenjahre der Zwischenkriegszeit wurden Anlaß für strenge nationale Maßnahmen bezüglich ausländischer Arbeitskräfte, um den einheimischen Arbeitsmarkt zu schützen[53].

b) Völkerrecht

Bahnbrechend auf internationaler Ebene ist das durch den Versailler Friedensvertrag von 1919 (Teil XIII[54]) ins Leben gerufene Internationale Arbeitsamt, das 1946[55] zu einer „specialized Agency" der UNO[56] wurde und

---

[48] S.o. Fn. 5, a.a.O.

[49] Zur Lage in außereuropäischen Ländern s.o. Fn. 5, S. 125 ff. Für einen knappen Überblick zur Entwicklung der europäischen Freizügigkeit vor der Gründung der EWG vgl. statt vieler *Jungmann*, S. 2 ff.

[50] In Großbritannien ab ca. 1760; vgl. *Cole / Postgate*, S. 129 ff.

[51] Zur Auswanderung aus Europa 1840-1940 vgl. *Thomson*, S. 493; nach GB ebd., S. 412 f.; zu Griechenland vgl. *Papastamkos*, S. 17; zu Spanien vgl. *Berrocal*, S. 21; zu den nordischen Ländern s.o. Fn. 26, S. 19 ff.

[52] S.o. Fn. 6, S. 65 ff.

[53] Statt vieler *Smit / Herzog*, S. 2-453.

[54] Der Friedensvertrag zwischen Deutschland und den Alliierten und Assoziierten Mächten, Charlottenburg 1919, unterschrieben am 28.6.1919; s. AJIL 13 (1919), Suppl., S. 151, 361, Kapital 1: Organisation, Art. 387.

[55] Zum Hintergrund vgl. *International Labour Office*, S. 3; 1949 als Internationale Arbeitsorganisation neugefaßt; s.o. Fn. 4, S. 18.

dadurch zu den Weltweiten Organisationen zählt[57]. Obwohl ihre Ziele alle Arbeitnehmer umfassen[58], wird den Interessen der Wanderarbeitnehmer besondere Aufmerksamkeit gewidmet[59]. Der Beitrag der IAO zu nationalen Maßnahmen im Laufe der Jahre, die sich auf *alle* Arbeitnehmer in einem Land auswirken, darf jedoch nicht unterschätzt werden[60].

Ferner sind auf der einen Seite zu erwähnen Organisationen wie die OECD (früher OEEC)[61], die auf internationaler Ebene in Zeiten des wirtschaftlichen Aufschwungs systematische Bemühungen unternommen haben, eine größere Freizügigkeit der Arbeitskräfte zu ermöglichen[62]; auf der anderen Seite ist der Europarat[63] hervorzuheben, dem es als Dachorganisation zu danken ist, daß sämtliche Abkommen einschließlich einiger, die sich entweder ganz oder nur zum Teil auf Wanderarbeitnehmer beziehen, in Kraft getreten sind[64]. In einer Sonderlage befindet sich die EWG mit dem im EWG-Vertrag[65] verankerten Recht der Arbeitnehmer auf Freizügigkeit innerhalb der Gemeinschaft. Schließlich sind *bilaterale* Abkommen zu erwähnen, die Einreise, Aufenthalt und Zugang zum Erwerbsleben der ausländischen Arbeitnehmer zwischen mehreren Ländern erfassen[66].

---

[56] Gemäß Art. 57 und 63 der UNO-Charta eine „spezialised Agency" der UNO.

[57] Zur Vorgeschichte der IAO s.o. Fn. 5, S. 28-33; zu ihre Zielen vgl. Declaration concerning the aims and purposes of the ILO, 1944, in: *Brownlie*, S. 173 ff.

[58] Zum Thema ökonomische / soziale Rechte und IAO vgl. *Berenstein*, S. 197 ff.

[59] S.o. Fn. 54, Teil XIII Abschnitt 1. Vgl. zur IAO Fn. 6, S. 296.

[60] Vgl. Liste der IAO-Konventionen in *International Labour Office*, S. 44-47; zu den von EG-Mitgliedstaaten 1970-1985 ratifizierten IAO-Konventionen vgl. *Brewster / Teague*, S. 7. Für eine Bewertung der IAO-Mitgliedschaft der EG-Mitgliedstaaten vgl. ebd. S. 6 ff.

[61] Vgl. *Ipsen*, Rdnr. 6 / 12 ff.

[62] Zu den OEEC-Vorschlägen bezüglich Freizügigkeit der Arbeitskräfte vgl. *Spaak*-Bericht, S. 95; s.o. Fn. 53, S. 2-454-5.

[63] Statut unterschrieben am 5.5.1949; dazu s.o. Fn. 61, Rdnr. 6 / 15. Zum Thema Europarat vgl. statt vieler *Wiebringhaus*, S. 18 ff.

[64] Z.B. Europäisches Fürsorgeabkommen von 1956, BGBl. 1956 II S. 563; von 1958, BGBl. 1958 II S. 18; Europäische Niederlassunggsabkommen von 1959, BGBl. 1959 II S. 997; Zusatzprotokoll Nr. 4 der EMRK von 1952, BGBl. 1952 II S. 686 / 1968 II S. 423; Europäische Sozialcharta, Art. 18 und 19 von 1964 , BGBl. 1964 II S. 1261. Vgl. zur europäischen Sozialcharta *Jaspers / Betten*; im Vergleich zum EWG-Vertrag s.o. Fn. 61, Nr. 51; im Vergleich zur EMRK s.o. Fn. 60 (*Brewster*), S. 11.

[65] EWG-V Art. 48 ff.

[66] S.o. Fn. 22 (*UNESCO*), a.a.O.

III. EWG allgemein

1. Entwicklung

a) In den ersten Jahren

Mit dem Ende des Zweiten Weltkriegs und dem Anfang des wirtschaftlichen Aufschwungs in Westeuropa fing eine aktive Periode der Arbeitskräftewanderung an. Gleichzeitig mit der Gründung der EWG verursachte die Hochkonjunktur der 50er und 60er Jahre in manchen Mitgliedstaaten sogar die Anwerbung von Arbeitskräften von außerhalb der Gemeinschaft[67]. Unter den Gemeinschaftswanderarbeitnehmern stellten die Italiener[68] sowohl den Hauptanteil als auch diejenige Nationalität, die in die meisten Länder verstreut war; in der Heimat wurden die italienische Fachkräfte demzufolge allmählich knapp[69]. Die anderen Gemeinschaftswanderarbeitnehmer zeigten eher eine gewisse regionale Zuneigung, was auf Tradition und persönliche Verbindungen zurückzuführen war[70].

b) Bis in die 70er Jahre

Die 70er Jahre waren eine Zeit weltweiten wirtschaftlichen Wandels. Das Wirtschaftswachstum verlangsamte sich bis zu einer Rezession mit anschließender steigender Arbeitslosigkeit[71]. Die EWG war keine Ausnahme in dieser Hinsicht; dies war der Grund für den Anwerbestopp aus Drittländern[72], der allmählich in der ganzen Gemeinschaft praktiziert wurde. Dieser Anwerbestopp verdeutlichte den Unterschied zwischen Arbeitnehmern der Mitgliedstaaten, die ihr Recht auf Freizügigkeit innerhalb der Gemeinschaft in Anspruch nahmen, und Arbeitnehmern aus Drittländern, die nicht in den Genuß der Freizügigkeit kraft EWG-Vertrages kamen[73]. Obwohl es in manchen

---

[67] *EG-Kommission*, 1. Bericht über die soziale Lage. Tz. 23 ff.; *dies*., 2. Bericht, Tz. 16 und 17.

[68] *EG-Kommission*, 1. Bericht über die soziale Lage, Tz. 24; *ders*., 2. Bericht, Tz. 16; *dies*., 1. Gesamtbericht, Tz. 245, 298; *dies*., 2. Gesamtbericht, Tz. 401.

[69] *EG-Kommission*, 7. Gesamtbericht, Tz. 227.

[70] S.o. Fn. 20, S. 49 ff.

[71] *EG*, STICHWORT EUROPA: „Zuwanderer in der EG", Nr. 13/85, S. 3.

[72] *EG-Kommission*, 11. Bericht über die Soziale Lage, 1977, Tz. 53.

[73] Vgl. z.B. Leitlinien für eine Arbeitsmarktpolitik der Gemeinschaft, ABl. C 168/3.1.1980, S. 1, Teil III (S. 4): Integration des gemeinschaftlichen Arbeitsmarktes im

Fällen, unterstützt von der jeweiligen Regierung[74], zu Rückkehr in ihre Herkunftsländer kam, blieben Wanderarbeitnehmer aus Drittländern im Gastland. Sie sind hauptsächlich in jenen Bereichen tätig, die von den Einheimischen als unbeliebt angesehen werden[75].

c) Die heutige Situation

Die Zahl der Gemeinschaftsangehörigen, die in einem anderen Mitgliedstaat arbeiten, wird auf weniger als zwei Millionen geschätzt. Zusammen mit ihren Familienangehörigen sind es insgesamt knapp 5,5 Millionen. Darüber hinaus sind noch ungefähr zwei Millionen Nicht-EWG-Wanderarbeitnehmer in den Mitgliedsländern tätig, die zusammen mit ihren Familienangehörigen auf (insgesamt) 7 Millionen geschätzt werden. In beiden Fällen werden hauptsächlich die Bundesrepublik Deutschland, Frankreich und das Vereinigte Königreich aufgesucht[76].

d) Zukunft

Versucht man einen Blick in die Zukunft, so sind keine gesicherten Prognosen möglich, denn es spielen eine Reihe von Bestimmungsfaktoren eine Rolle, die etwa von der Entwicklung des Binnenmarkts abhängig sind[77]. Die Erwartung geht aber dahin, daß die Mobilität zunehmen wird, und zwar insbesondere unter den höher Qualifizierten[78].

Rahmen der Freizügigkeit der Arbeitskräfte in der Gemeinschaft, insbesondere durch wirksame Anwendung de SEDOC-Systems, unter Berücksichtigung der Priorität für die Beschäftigung, die Arbeitnehmern aus den Mitgliedstaaten einzuräumen wäre, und dies vor der Notwendigkeit, den Zugang von Arbeitskräften aus Drittländern zum Arbeitsmarkt der Gemeinschaft einzudämmen.

[74] *EG-Kommission*, 11. Bericht über die soziale Lage – Belgien, Tz. 55; Bundesrepublik ebd. Tz. 59; Dänemark ebd. Tz. 57; Frankreich ebd. Tz. 61.

[75] *EG-Kommission*, 12. Bericht über die soziale Lage, Tz. 53.

[76] *EG-Kommission*, Beschäftigung, S. 152 ff.

[77] S.o. Fn. 76, S. 154.

[78] S.o. Fn. 76, a.a.O.; vgl. *NESC*, S. 109. Zur Frage der Arbeitnehmer aus Drittländern vgl. *EG-Kommission*, Soziale Dimension, S. 22.

e) Binnengemeinschaftliche Arbeitskräftewanderungen

Was die binnengemeinschaftlichen Arbeitskräftewanderungen betrifft, zeigt sich seit dem Inkrafttreten des EWG-Vertrages sogar eine Schrumpfung[79]. Es ist nicht zu überwältigenden innergemeinschaftlichen Arbeitskräftebewegungen gekommen[80], wie zuvor befürchtet worden war[81], die sich aber nie wirklich abzeichneten[82]. Unter den verschiedenen Theorien[83], warum es zu keiner großen binnengemeinschaftlichen Arbeitskräftebewegung gekommen ist, wird öfters die These vertreten, es könne teilweise an der bisherigen Mobilität von Wanderarbeitnehmern aus Nicht-EG-Ländern liegen[84].

f) Wanderarbeitnehmer aus Drittländern

Die menschlichen Probleme der Wanderarbeitnehmer[85] und ihrer Familienangehörigen wurden ziemlich früh erkannt und Maßnahmen zu ihren Gunsten verabschiedet[86]. Gleichfalls sah man die Notwendigkeit, den Zugang von Arbeitskräften aus Drittländern zum Arbeitsmarkt der Gemeinschaft einzudämmen[87]. In Folge einer Entscheidung zur Einführung eines Mitteilungs- und Abstimmungsverfahrens über die Wanderungspolitik gegenüber Drittländern[88] und der Beantragung seitens fünf Mitgliedstaaten beim EuGH, deren Nichtigkeit festzustellen[89], äußerte sich der EuGH zur Frage

---

[79] Vgl. *Molle / van Mourik*, S. 317-342, 336.

[80] S.o. Fn. 79, a.a.O.

[81] S.o. Fn. 20, S. 54 ff.

[82] S.o. Fn. 79, S. 337.

[83] S.o. Fn. 60 (*Brewster*), S. 293 ff.; *Randelzhofer*, in *Grabitz* (Kommentar), vor Art. 48, Rdnr. 5.

[84] S.o. Fn. 76, a.a.O.

[85] *EG-Kommission*, 5. Gesamtbericht der EG, Tz. 235.

[86] Vgl. Ratsentschließung über ein sozialpolitisches Aktionsprogramms, ABl. C 13 / 12.2.1974, S. 1-4, 2; Ratsentschließung über ein Aktionsprogramm zugunsten der Wanderarbeitnehmer und ihrer Familienangehörigen, ABl. C 34 / 14.2.1976, S. 2.

[87] S.o. Fn. 73.

[88] ABl. L 217 / 14.8.1985, S. 25; zum Inhalt Rs. 281-283-284-285-287 / 85, Slg. 1987, S. 3203 ff., Rdnr. 2.

[89] Zu den Begründungen seitens der fünf Staaten vgl. Schlußanträge zu Rs. 281 / 85 (s.o. Fn. 88), Rdnr. 9-11.

der Wanderungspolitik. Er erklärte die Entscheidung teilweise[90] für nichtig; im übrigen stellte er auch fest, daß die Wanderungspolitik zu den sozialen Fragen im Sinne des Art. 118 gehöre, soweit sie die Lage der Arbeitnehmer aus Drittländern im Zusammenhang mit ihrem Einfluß auf den Arbeitsmarkt der Gemeinschaft und auf die Arbeitsbedingungen beträfe[91].

Den Urteilen gemäß hat die Kommission 1988 eine geänderte Entscheidung zur Einführung eines Mitteilungs- und Abstimmungsverfahrens über die Wanderungspolitik gegenüber Drittländern erlassen[92]. Bei der Unterzeichnung der EEA wurden zwei Erklärungen abgegeben, die Wanderarbeitnehmer aus Drittländern betreffen[93].

2. Rechtliche Regelungen bezüglich Wanderarbeitnehmer

In der EWG leben Wanderarbeitnehmer, deren Einreise, Aufenthalt und Zugang zum Erwerbsleben unterschiedlich geregelt ist; entweder stammen sie aus einem anderen Mitgliedstaat, so daß die EWG-Vorschriften maßgebend sind, oder aus einem sogenannten Drittland mit bi- oder multilateralen Beziehungen zum jeweiligen Land, oder sie werden vom rein nationalen Recht erfaßt.

IV. Ausländische Arbeitskräfte in der Bundesrepublik Deutschland

1. Entwicklungen

a) Bis zum Zweiten Weltkrieg

Die Beschäftigung nicht-einheimischer Arbeitskräfte in Deutschland ist kein Phänomen des 20. Jahrhunderts[94]. Die organisierte Anwerbung ausländischer Arbeitskräfte wurde schon während der Industrialisierung Deutsch-

---

[90] S.o. Fn. 88 (EuGH Rs), Rdnr. 36.

[91] S.o. Fn. 88 (EuGH Rs), Rdnr. 16, 25, 26; zur Wanderungspolitik vgl. *Simmonds*, Concertation, S. 194.

[92] ABl. L 183/14.7.1988, S. 35.

[93] Zum Inhalt vgl. Bulletin der EG, Beilage 2/86: Erklärung Nr. 3/Politische Erklärung Nr. 6.

[94] Vgl. *Hailbronner*, in *Hailbronner/Niessen* (Hrsg.), S. 3–28, 3.

lands im 19. Jahrhundert praktiziert[95]. In der Zwischenkriegszeit (1918-1939) kam es manchmal zu Arbeitskräfteknappheit, die durch nicht-einheimische Arbeitnehmer befriedigt werden konnte; sobald der Arbeitsmarkt sich entspannt hatte, konnten die ausländischen Arbeitskräfte zurückgeschickt werden[96].

b) Nachkriegszeit bis 1973

Die durch die Hochkonjunktur der Nachkriegszeit angespannte Lage auf dem Arbeitsmarkt war wieder Grund dafür, daß in den fünfziger Jahren ausländische Arbeitskräfte angeworben wurden[97], obwohl es nach 1945 einen Flüchtlingsstrom aus Ostdeutschland in die Bundesrepublik gegeben hatte[98]. Eine ähnliche Situation, was die Anwerbung ausländischer Arbeitskräfte anbelangt, war wieder in den folgenden Jahren zu beobachten[99], die genau genommen bis zum Jahre 1973 dauerte. Es wurden Anwerbekommissionen von der Bundesanstalt für Arbeit in mehreren Ländern mit wanderungswilligen Arbeitskräfte-Überschüssen gegründet[100]; bilaterale Gastarbeitnehmer-Abkommen wurden abgeschlosen[101], und die Bundesrepublik trat dem allen Mitgliedern des Europarats zum Beitritt offenstehenden multilateralen Über-

---

[95] Vgl. *Just*, in *Just / Groth* (Hrsg.), Band I, S. 61 ff.

[96] S.o. Fn. 5, S. 62.

[97] *EG-Kommission*, 2. Bericht über die soziale Lage, Tz. 15.

[98] S.o. Fn. 97, Tz. 16.

[99] *EG-Kommission*, 6. Bericht über die soziale Lage, Tz. 45; 7. Bericht, Tz. 46; 9. Bericht, Tz. 37; 2. Gesamtbericht, Tz. 20; 4. Gesamtbericht, Tz. 19; 5. Gesamtbericht, Tz. 17.

[100] Nicht aber in Irland, trotz hoher Auswanderung; s.u. Anhang Nr. 1. In: Griechenland (BAnz. Nr. 25 vom 4.2.1961); Italien ab 1955 (jetzige Fassung in BAnz. Nr. 63 vom 1.4.1965), Jugoslawien (BGBl. 1969 II S. 1107), Marokko (BGBl. 1971 II S. 1365), Portugal (BAnz. Nr. 104 vom 10.6.1964), Spanien (BAnz. Nr. 219 vom 14.11.1961, Tunesien (BAnz. Nr. 57 vom 23.3.1966 und BGBl. 1972 II S. 87), Türkei (GMBl. 1962 S. 10, GMBl. 1964 S. 507 und BAnz. 1968 Nr. 22). Dazu s.o. Fn. 41, S. 32-37; ebd. S. 21. Obwohl nicht aufgehoben, sind diese Vereinbarungen durch den Anwerbestopp 1973 außer Anwendung gesetzt worden.

[101] Belgien (1952), Dänemark (1961), Frankreich (1950), Griechenland (1960), Irland (1960), Italien (1953), Luxemburg (1957), Niederlande (1958), Österreich (1951), Schweden (1953), Schweiz (1955), Spanien (1952). 1954 wurde eine Verwaltungsvereinbarung zwischen der BAA und der finnischen Arbeitsverwaltung abgeschlossen. Vgl. dazu *Kloesel / Christ*, Teil B 2.3.

einkommen über Gastarbeitnehmer bei[102]. Im Jahre 1964 traf der „millionste Gastarbeiter" in der Bundesrepublik ein[103].

c) 1973 bis heute

1973 wurde von der Bundesregierung entschieden, „bis auf Widerruf" keine ausländischen Arbeitskräfte mehr ins Land zu vermitteln[104], und zwar aus Angst vor der zukünftigen wirtschaftlichen Lage infolge der Ölkrise. EWG-Arbeitnehmer freilich wurden dank der Freizügigkeitsvorschriften des EWG-Vertrages[105] von diesen Bestimmungen nicht betroffen. Die Anwerbekommissionen der Bundesanstalt für Arbeit in den Hauptauswanderungsländern (mit Ausnahme Italiens, das EG-Mitgliedstaat war) wurden („für unbestimmte Zeit") geschlossen[106]. Wie in anderen Mitgliedstaaten[107] auch wurden in der Bundesrepublik Maßnahmen erlassen[108], um die Rückkehr der ausländischen Arbeitskräfte und deren Familienangehörigen in das Herkunftsland zu erleichtern; dies führte jedoch zu keiner erheblichen Rückkehr[109].

Nach dem Ergebnis der Volkszählung waren am 25. Mai 1987 rund 4,146 Mill. Ausländer mit Hauptwohnsitz[110] im Bundesgebiet (einschl. Berlins)

---

[102] BGBl. 1960 II S. 445, BGBl. 1960 II S. 437/438, 1961 II S. 570.

[103] Vgl. *Picaradi-Montesardo*, S. 2.

[104] *EG-Kommission*, 7. Bericht über die soziale Lage, Tz. 59; *dies.*, 8. Bericht, Tz. 55; *dies.*, 9. Bericht, Tz. 59 (zufällig gleichzeitig mit dem Beitritt Irlands in die EWG).

[105] EWG-V Art. 48 ff.

[106] *EG-Kommission*, 9. Bericht über die soziale Lage, Tz. 59.

[107] *EG-Kommission*, 11. Bericht über die soziale Lage – Belgien, Tz. 55; Bundesrepublik, Tz. 59; Dänemark, Tz. 57; Frankreich, Tz. 61.

[108] RückHG vom 28. November 1983, BGBl. I S. 1377; s.o. Fn. 101, B 2.5.

[109] *EG-Kommission*, 17. Bericht über die soziale Lage, Tz. 31; *dies.* zu den verschiedenen Phasen der Ausländerpolitik in der Bundesrepublik: 11. Bericht, Tz. 59; 12. Bericht, Tz. 59; 13. Bericht, Tz. 59; 14. Bericht, Tz. 63; 15. Bericht, Tz. 44; 16. Bericht, Tz. 34; Bericht 1983, Tz. 31; 17. Bericht, Tz. 31; 18. Bericht, Tz. 31; 19. Bericht, Tz. 22; 20. Bericht, Tz. 22. Vgl. auch *Meiner-Braun*, in *Zuleeg* (Hrsg.), Ausländerrecht, S. 38 ff.

[110] Zum Thema "Bundesrepublik als Einwanderungsland" vgl. statt vieler *Zuleeg*, in *ders.*, Ausländerrecht, S. 153-196, 155; s.o. Fn. 101, Anm. Nr. 10 zu § 1 II AuslG; s.o. Fn. 17, S. 5 ff.

gemeldet[111]. Am 31. Dezember 1988 waren knapp 4,5 Mill. Ausländer ansässig[112].

d) Zukunft

Die Entwicklung des Arbeitsmarkts ist von einer Vielfältigkeit von Faktoren[113] bestimmt, die sich nicht leicht prognostisieren lassen. Angesichts der Anerkennung in der Fachliteratur[114], die dieser Frage bei Ein- / Auswanderungen gewidmet wird, ist der immer mehr zum Thema gewordene Rückgang der Bevölkerung in der Bundesrepublik[115] von erstrangiger Bedeutung bei der Betrachtung des zukünftigen deutschen Arbeitsmarkts bezüglich möglicher Engpässe und Arbeitsplatzangebote[116]. Prognosen bezüglich demographischer Entwicklungen sind jedoch nicht nur vorsichtig zu betrachten[117], sondern können von unerwarteten Umständen – sprich: DDR[118] – modifiziert werden, so daß es zu neuen Prognosen[119] kommen muß; in dieser Hinsicht ist bezüglich des wiedervereinigten Deutschlands noch abzuwarten, von den Entwicklungen in den möglichen Herkunftsländern ganz zu schweigen. Es muß aber auch zur Kenntnis genommen werden, daß es nicht genügt, nur rein zahlenmäßig zu denken, denn der Arbeitsmarkt verlangt nicht nur Personen, sondern auch Fachkenntnisse[120]. Inwieweit der derzeiti-

---

[111] Vgl. *Fleischer*, S. 594.

[112] An die Volkszählung vom 25.5.1987 angepaßt; s.o. Fn. 111, S. 598. Vgl. zur Aufenthaltsdauer der in der Bundesrepublik wohnhaften Ausländer *SBA*, StJB 1989, S. 104; 1989, S. 58.

[113] Einschließlich der Entwicklung beim sog. „Erwerbsverhalten"; hier spielt die Bildungsphase, das Rentenalter und die Erwerbsneigung der Frauen eine Rolle. Vgl. dazu *Mertens*; zu anderen Faktoren *Seidel*, S. 179 ff.

[114] Statt vieler s.o. Fn. 28, S. 43, Rdnr. 4.

[115] Vgl. statt vieler (*Hofer* et al), Prognos-Report (1983), Nr. 11; *ders.* (1986), Nr. 12; *Tietz* (1986), S. 182 ff.; s.o. Fn. 113, *Mertens* (1989); *Reuter* (1989); *Staatsministerium* (1990).

[116] Als Beispiel – Baden-Württemberg – vgl. *Staatsministerium*, Tz. 372 ff.

[117] S.o. Fn. 114 (*Tietz*), S. 25 ff.; s.o. Fn. 109 (*Meier-Braun*), S. 47.

[118] Die Arbeit wurde vor der Wiedervereinigung Deutschlands abgeschlossen und schließt deshalb die Konsequenzen der demographischen Entwicklung des wiedervereinigten Deutschland nicht ein. Dazu s.o. Fn. 116, a.a.O. Zur erwarteten Lage vor der Wiedervereinigung statt vieler *Dresdner Bank*, Economic Trends, S. 3.

[119] Bezüglich der erwarteten Lagen vor der Wiedervereinigung Deutschlands vgl. *Dresdner Bank*, Medium-Term, S. 6, 8 ff.

[120] S.o. Fn. 116, Tz. 461 zur Folge des Fachkräftemangels in Baden-Württemberg.

ge Wandel im Osten zur Lösung dieses Problems beitragen wird, wird noch diskutiert[121].

Die technologische Entwicklung einschließlich der Roboterisierung[122] und die (aus welchen Gründen auch immer)[123] möglicherweise ins Ausland verlegten Zweigstellen deutscher Unternehmen werden insgesamt bei der Frage eines zukünftigen Bedarfs an ausländischen Arbeitskräften auf dem deutschen Arbeitsmarkt von Bedeutung sein. Es darf auch nicht außer acht gelassen werden, daß der Arbeitsmarkt von der ökonomischen Lage im In- und Ausland abhängig ist und sein wird. Die menschlichen Faktoren werden nach wie vor eine große Rolle spielen; und zwar nicht nur, was Einwanderung, sondern auch was Binnenwanderung anbelangt, denn es zeigt sich schon, daß sich trotz großer Unterschiede bezüglich der Arbeitslosigkeit zwischen Norden und Süden der Bundesrepublik keine große Mobilitätsneigung unter den Arbeitskräften beobachten läßt[124]. Wenn das schon unter Einheimischen der Fall ist, wie soll man dann versuchen, die Vielfältigkeit der menschlichen Faktoren unter ausländischen Arbeitskräften zu prognostizieren?

2. Rechtliche Regelungen

a) Nationales Recht

Das bezüglich Einreise[125], Aufenthalt[126], Ausreise[127] und Ausweisung[128] für nicht in den Genuß einer Sondervereinbarung kommende Wan-

[121] Zu einer Studie der Kölner Universität bezüglich Facharbeitermangel (in KMU – der sich zu Beginn der 90er Jahre weiter verschärfen sollte) vgl. Handelsblatt vom 11.11.1987, S. 8; zu den Strömmungen DDR-Bürger in die Bundesrepublik und deren Auswirkung auf dem Arbeitsmarkt s.o. Fn. 119, S. 9. Auf der anderen Seite – „die Berufsqualifikationen der neuen Aussiedler (1989) entsprechen nicht „unbedingt“ dem Bedarf am Arbeitsmarkt“ – Handelsblatt vom 14.12.1989, S. 7 (in bezug auf eine Studie der Commerzbank). S.o. Fn. 118, 120.

[122] S.o. Fn. 115 (*Tietz*), S. 84 ff.

[123] Vgl. *Adomeit*, S. 155.

[124] S.o. Fn. 36, S. 28; Fn. 76, S. 153.

[125] AuslG §§ 1, 3.

[126] AuslG §§ 2, 5, 7-9; DVAuslG §§ 1, 5. S.o. Fn. 4, S. 62.

[127] AuslG §§ 12, 19.

[128] AuslG §§ 10, 11. S.o. Fn. 4, S. 62.

derarbeitnehmer geltende Gesetz war bis vor kurzem das Ausländergesetz von 1965[129]; auch die Anzeigepflicht[130] für alle Einwanderer war dort geregelt, während das Arbeitsförderungsgesetz[131] für die Erteilung der erforderlichen Arbeitserlaubnis[132] maßgebend ist[133]. Ein seit langem[134] angekündigtes neues Ausländergesetz trat 1990 in Kraft[135].

b) Völkerrecht

aa) Multilaterale Regelungen

Abgesehen vom allgemeinen Völkerrecht[136] hat die Bundesrepublik sämtliche völkerrechtlichen multilateralen Abkommen[137] ratifiziert, die hauptsächlich oder auch nur zum Teil Wanderarbeitnehmer betreffen[138].

---

[129] AuslG vom 28.4.1965, BGBl. I S. 353 (mit Novellierungen); (DVAuslG) i.d.F. d. Bek. vom 29.6.1976, BGBl. I S. 1717 (mit Novellierungen). S.o. Fn. 101 (*Kloesel / Christ*), A 2, A 4.

[130] AuslG §§ 2 IV, 21 I; DVAuslG § 2. Zur Meldepflicht vgl. MRRG vom 16.8. 1989, BGBl. I S. 1429 (mit Novellierungen) § 11 I, II.

[131] AFG i.d.F. vom 3.8.1981, BGBl. I S. 582/S. 802, § 19; vgl. auch VO über die Arbeitserlaubnis für nicht-deutsche Arbeitnehmer vom 2.3.1971, BGBl. I S. 152, i.d.F. vom 12.9.1980, BGBl. I S. 1754 (geändert durch VO vom 24.9.1981, BGBl. I S. 1042). Vgl. *Franz*, in *Just / Groth* (Hrsg.), Band II, S. 11.

[132] Zum Ermessensspielraum bei der Erteilung einer Arbeitserlaubnis s.o. Fn. 4, S. 59, 62 f.

[133] Zum sozialen, politschen und Arbeitsrecht in bezug auf Wanderarbeitnehmer vgl. *Schiedermair*, S. 446, 579 ff.; *Becker / Braasch*, S. 18 ff., 122 ff., 288 ff., 310 ff.; *Mengele*, S. 50 ff., 176 ff., 248 ff.; *Groth*, in *Just / Groth* (Hrsg.), Band I, S. 96 ff., 99 ff.; s.o. Fn. 131, S. 24. Für eine kurzen Einblick in die Zeit vor der Gründung der Bundesrepublik vgl. *Mengele*, S. 21-27.

[134] Schon 1980 angekündigt; s.o. Fn. 109, S. 48.

[135] AuslG vom 9.7.1990, BGBl. 1990 I S. 1354.

[136] S.o. Fn. 17, S. 19.

[137] Dazu s.o. Fn. 17, S. 23, 26 ff.

[138] S.o. Fn. 9, 64.

bb) Bilaterale Regelungen (Anwerbevereinbarungen und Gastarbeiter-Abkommen)

Für die Strömungen der 50er und 60er Jahre waren in erster Linie die *Anwerbevereinbarungen*[139] von großer Bedeutung; dementsprechend wurden sowohl Arbeitsplätze vermittelt als auch Einreise, Aufenthalt[140], Arbeitsbedingungen[141], Arbeitsvertrag[142] – sogar die Familienzusammenführung[143] – nicht nur geregelt, sondern auch erleichtert. Nachdem die deutsche Kommission im jeweiligen Staat die Bewerber gesundheitlich und beruflich überprüft hatte, wurden sie vom zukünftigen deutschen Arbeitgeber eingestellt und mit einer Legitimationskarte[144] ausgestattet, die die sonst erforderliche Arbeitserlaubnis ersetzte; der Transport nach Deutschland wurde von der deutschen Kommission organisiert.

Auch für Ein-/Auswanderer waren und sind die gegenseitigen *bilateralen Abkommen*[145] von Bedeutung. Diese hatten alle den gleichen Aufbau, obwohl unterschiedliche jährliche Kontingente vereinbart worden waren. Dementsprechend wurde ein bestimmtes Kontingent[146] von Staatsangehörigen des Vertragspartners im Alter zwischen 18-30 Jahre[147] für eine vereinbarte Zeit[148] zum Ziel der beruflichen und sprachlichen Fortbildung[149] in den anderen Vertragsstaat entsandt; die durch das Abkommen erteilte Zulassung ersetzte die sonst erforderliche Arbeitserlaubnis[150] und regelte auch die

---

[139] S.o. Fn. 101, B. 2.3. I.e.: Anwerbevereinbarungen über die Anwerbung und Vermittlung von Arbeitskräften zwischen der Bundesrepublik ... und Tunesien (BAnz. Nr. 57 vom 23.3.1966 und BGBl 1972 II S. 87); mit der Türkei (GMBl. 1962 S. 10, GMBl 1964 S. 507 und BAnz. Nr. 1968 Nr. 22); mit Jugoslawien (BGBl. 1969 II S. 1107). S.o. Fn. 133 (*Schiedmeier*), S. 591.

[140] Obwohl der neue Einwanderer eine Aufenthaltserlaubnis beantragen mußte, AuslG § 21 I 2; s.o. Fn. 133 (*Mengele*), D 28.

[141] Einschließlich Sozialversicherung; s.o. Fn. 133 (*Schiedmeier*), S. 593.

[142] Einschließlich Unterkunft und Rückreisekosten; s.o. Fn. 133 (*Becker / Braasch*), Rdnr. 134.

[143] S.o. Fn. 133 (*Schiedermair*), S. 591.

[144] S.o. Fn. 133 (*Schiedermair*), a.a.O.

[145] S. für eine Auflistung o. Fn. 133 (*Schiedermair*), S. 592; o. Fn. 101, Teil B 2.3.

[146] Art. 5.

[147] Art. 1 II.

[148] Art. 3.

[149] Art. 1 I, II.

[150] Art. 1 II.

Lohn- und Arbeitsbedingungen[151]. Obwohl die in Frage kommenden Plätze behördlich vermittelt[152] wurden, blieben Einreise, Aufenthalt und Ausreise von den geltenden nationalen Gesetzen[153] und Vorschriften geregelt. Diese sind für die EWG-Mitgliedstaaten durch das supranationale Recht überholt.

c) Vorschriften für EWG-Ausländer

In einer Sonderlage sind EWG-Ausländer, die ihr Recht auf Freizügigkeit[154] innerhalb der Gemeinschaft in Anspruch nehmen[155]. Die deutschen[156] Vorschriften sind hauptsächlich im AufenthaltG/EWG[157] enthalten, z.B. Einreise[158], Aufenthalt[159] und Verbleiberecht[160]. Keine Aufenthaltserlaubnis brauchen die Arbeitsuchenden während der ersten drei Monate[161]; das gleiche gilt für diejenigen Arbeitsuchenden und ihre Familienangehörigen, deren voraussichtliche Aufenthaltsdauer nicht länger als drei Monate beträgt[162] und für Pendler[163]. Hier wird keine Arbeitserlaubnis benötigt[164].

---

[151] Art. 4.

[152] Art. 6.

[153] Hier das AuslG.

[154] EWG-V Art. 48 ff.

[155] S.u. zu den EWG-Vorschriften Teil B.I.1. und B.II.1.

[156] Zur Umsetzung der RL 68/360 durch das AufenthG/EWG vgl. *Birk* (RIW), S. 8. Zum Einfluß des Europarechts auf das deutsche Ausländerrecht s.o. Fn. 17, S. 41 ff.

[157] Gesetz über Einreise und Aufenthalt von Staatsangehörigen der Mitgliedstaaten der Europäischen Wirtschaftsgemeinschaft i.d.F. d. Bek. vom 31.1.1980, BGBl. 1980 I S. 116 (mit Änderungen). Zu den vorgesehenen Änderungen zum AufenthG/EWG durch das neue AuslG vom 9.7.1990 (BGBl. I S. 1354) vgl. BR-Drs. 11/90 vom 5.1. 1990, S. 87 ff.

[158] §§ 1, 2.

[159] § 3; s.o. Fn. 156, S. 8.

[160] §§ 1 I Nr. 5, II 1; 2 II; 6a. S.o. Fn. 156, S. 9.

[161] § 8 I.

[162] § 8 II.

[163] § 8 III.

[164] S.o. Fn. 156, S. 11.

V. Irische Auswanderung

1. Überblick

Die Iren sind aus verschiedenen Gründen immer Wanderer gewesen[165]. Diese Gründe schließen u.a. die Verbreitung des Christentums ein[166], die politische bzw. religiöse Unterdrückung der Einheimischen durch die fremde Herrschaft[167], die Alternative zwischen Gefängnis zuhause und Zwangsverschickung[168], die Suche nach Abenteuer[169], die Suche nach anderer (vielleicht zuhause nicht zugänglicher) Berufserfahrung[170], Wanderlust, familiäre[171] bzw. persönliche Gründe, die Suche nach einem neuen Leben, große Not zur Zeit der Hungernot[172], Arbeitslosigkeit zuhause[173], vorhandene Arbeitsplätze im Ausland[174], die ökonomische Lage sowohl in der Heimat als auch im Zielland[175], die politische bzw. rechtliche Lage im Zielland[176], sozioökonomische oder politische Gründe allgemein[177]; ganz zu schweigen von denjenigen, die aus anderen Gründen Irland gern den Rücken gekehrt haben[178].

---

[165] Vgl. statt vieler *Ireland, Government of,* Facts, S. 237. Zu den Gründen vgl. *Emigration Commission,* Para. 290-305.

[166] S.o. Fn. 47; vgl. *Dudley Edwards,* S. 139 ff.

[167] S.o. Fn. 165, a.a.O.

[168] S.o. Fn. 166 (*Dudley Edwards*), S. 147 ff.

[169] S.o. Fn. 168, S. 142 ff.

[170] S.o. statt vieler Fn. 37, S. 141.

[171] S.o. Fn. 38, S. 323.

[172] S.o. Fn. 37, S. 4.

[173] Vgl. statt vieler *Drudy,* in *Drudy / McAleese* (Hrsg.), S. 191-214 (192).

[174] S.o. Fn. 37, S. 141.

[175] S.o. Fn. 174, a.a.O. Vgl. Dáil Debates 1989, Vol. 392, Column 1816-1817.

[176] Z.B. Visum-Regelungen in den USA, vgl. dazu *Sexton,* S. 34.

[177] S.o. Fn. 38, S. 320 ff.

[178] Statt vieler vgl. *Faerber / Luchsinger,* S. 12.

2. Entwicklung

a) Bis zum 19. Jahrhundert

Unter den bekanntesten irischen Auswanderern der früheren Zeiten waren u.a. Geistliche[179], Soldaten und Studenten[180], politische Flüchlinge, Sträflinge[181], die keine andere Wahl hatten, und diejenigen, die (wegen ihrer Religion) verfolgt wurden. Rein ökonomische[182] Gründe – sowohl zuhause als auch in den Zielländern – und politische bzw. rechtliche Gründe[183] machten sich auch im Laufe der Zeit bei vielen Auswanderungen spürbar[184]. Nicht nur Großbritannien, das seit langem[185] das Ziel vieler Auswanderer war, sondern auch das europäische Festland wurde für viele Iren zur neuen Heimat[186]. Außereuropäische Länder kamen auch in Betracht, u.a. die Vereinigten Staaten, die besonders infolge der veränderten rechtlichen Lage bezüglich der Katholiken[187] an Bedeutung für die Auswanderer gewannen.

b) Vom 19. Jahrhundert bis zum Anfang des 20. Jahrhunderts

Auswanderung in großen Massen soll es bereits[188] vor den 1840er Jahren gegeben haben, aber zu Recht darf die Auswanderung zur Zeit der „großen Hungersnot" als „Flut" oder „Aderlaß"[189] bezeichnet werden[190]. Ob-

---

179 S.o. Fn. 47.

180 S.o. Fn. 169, a.a.O.; Fn. 165, a.a.O.

181 S.o. Fn. 168, a.a.O.

182 S.o. Fn. 168, S. 144 ff.: s.o. Fn. 165, S. 242.

183 Statt vieler s.o. Fn. 168, S. 145 f.

184 Statt vieler s.o. Fn. 168, S. 144 ff.

185 S.o. Fn. 168, S. 139-144.

186 S.o. Fn. 183, a.a.O.

187 S.o. Fn. 183, a.a.O.

188 S.o. Fn. 172, a.a.O.: „... in the 30 years preceding the Famine, emigration totalled about one and a half million ...". S.o. Fn. 165 (*Emigration Commission*), Minority report – J. Meenan, S. 369.

189 „Haemorrhage", vgl. *Lyons*, S. 44.

190 S.o. Fn. 172, a.a.O.: „... In the course of the Famine itself, it is estimated that between one-half and one million people died ... In the six years from 1847 to 1852, over one and a quarter million persons emigrated to North America, and there was

wohl die meisten davon die Ärmsten der Armen, die „Besitzlosen“ waren, fand man besonders in den ersten Jahren der Hungersnot auch Wohlhabende und städtische Bevölkerung darunter[191]. Während der letzten Jahrzehnte des 19. Jahrhunderts und in den ersten Jahrzehnten des 20. Jahrhunderts[192] ließ der ökonomische Druck zuhause bei der Auswanderung nicht nach, bis die ökonomische Lage, besonders in den Vereinigten Staaten, den Strom in ein Tröpfchen verwandelte[193] und entsprechende rechtliche (Gegen-)Maßnahmen getroffen worden waren[194]. Hauptzielländer irischer Emigration zu dieser Zeit waren die Vereinigten Staaten[195], Kanada, Australien und Großbritannien[196].

c) Vom Anfang des 20. Jahrhunderts bis in die 70er Jahre

Die hohe Auswanderungsquote der ersten Jahrzehnte des neuen Jahrhunderts[197] blieb während der 30er Jahre[198] nur Erinnerung, solange die ökonomische Lage in den Zielländern schlecht blieb; mit dem Wieder-Aufschwung nahm die Zahl der Auswanderer zu, aber jetzt eher in Richtung Großbritannien statt in die Vereinigten Staaten[199]. Obwohl Irland während

---

also substantial emigration to Britain ... post-Famine experience ... over 5 million persons emigrated in the period up to 1921 ... the population in 1921 ... was little more than half the level of 80 years earlier...“.

191 S.o. Fn. 189, a.a.O.

192 S.o. Fn. 189, a.a.O.

193 S.o. Fn. 37, S. 38 f.: „... In 1931 emigration was less than 9,000, and for the first time since the Famine the movement to the US became insignificant falling to 801 in 1931 and just 256 in 1932 ...“.

194 S.o. Fn. 37, S. 39.

195 Ein interessanter Vergleich zwischen der Lage der irischen und der deutschen Einwanderer in die Vereinigten Staaten bietet die Historikerin *Dudley Edwards*, S. 157: „... The Germans (the other major Catholic group) were on the whole in better jobs and economically superior to the Irish ...“.

196 S.o. Fn. 189, S. 45: „... and it is beyond dispute that between 1841 and 1925 gross „overseas“ emigration included 4 3/4 million going to the USA, 70,000 to Canada and over 370,000 to Australia“.

197 S.o. Fn. 37, S. 38: „... emigration in the decade 1921-31 averaged 33,000 per annum, higher than the figures for either of the two previous decades, 1911-21 (19,000 per annum) or 1901-11 (26,000 per annum) ...“.

198 S.o. Fn. 37, S. 47.

199 S.o. Fn. 37, S. 48.

des Zweiten Weltkriegs neutral[200] war, verließen Tausende von Iren die Heimat in jener Zeit, um in Großbritannien[201] Arbeit zu suchen oder Soldat zu werden[202]. Nach dem Krieg nahm die Auswanderung sogar zu[203] und schien ein unlösbares Problem zu sein.

Im Laufe der 60er Jahre – also vor dem Beitritt in die EWG – machte sich ein Rückgang der Auswanderung spürbar bis in die 70er Jahre, als sogar eine Netto-Einwanderung zu beobachten war[204], obwohl immer noch einige auswanderten[205], dies aus ganz eigenen Gründen[206]. Die Rückkehrenden waren hauptsächlich erfahrene Arbeitskräfte und ihre Familien, die gerade in Irland gesucht wurden[207]. Leider war dieses nur ein kurzfristiges Ereignis; Ende der 70er Jahre stieg die Auswanderung wieder an[208].

d) Von 1980 bis heute

In den 80er Jahren wurde die irische Auswanderung immer mehr zum Thema im In-[209] und Ausland[210]. Die Diskussion in der Öffentlichkeit er-

---

[200] S. o. Fn. 189, S. 556.

[201] Oder auf der anderen Seite; vgl. Joyce v. D.P.P. (1946) A.C. 347. S.o. Fn. 165 (*Emigration Commission*), Para. 268 ff., 325.

[202] S.o. Fn. 189, S. 557.

[203] S.o. Fn. 189, S. 625: „... Net emigration for 1951-6 was 196,763, for 1956-61 it was 212,003 ... nearly three times the pre-war rates and for the decade 1951-61 ... higher than for any other comparable period in the twentieth century".

[204] Vgl. *CSO*, Preliminary, S. xi: „... Since 1926 there has been an average annual excess of outward migration over inward migration for all intercensal periods with the exception of 1971-79..."; *ders.*, S. vii. S.o. Fn. 1, S. 48; Fn. 83, vor Art. 48, Rdnr. 5.

[205] Zur Binnenwanderung / Landflucht s.o. Fn. 38, S. 318 ff.

[206] S.o. Fn. 37, S. 141.

[207] Vgl. dazu *EIU (Fitzpatrick)*, S. 17 f.

[208] Vgl. *CSO*, CENSUS 86, Table J. S. 23. S.u. Anhang Nr. 1.

[209] Vgl. statt vieler *Bishops of the West of Ireland*, The EMIGRATION – a Pastoral Letter, 15.3.1987; *Davy* et al; *Diggins*; s.o. Fn. 207; s.o. Fn. 37; s.o. Fn. 176. Umfassend in: Dáil Debates 1989, Vol. 392, No. 7, Column 1782 ff. Vgl. zur Tagung zu dieser Thematik *Mulholland / Keogh* (Hrsg.).

[210] Vgl. statt vieler: The Economist vom 3.10.1987; (deutsche Sicht) *Happe*, in: Handelsblatt vom 28.9.1987; *Molitor*, in: DIE ZEIT vom 29.4.1988, S. 44; *Alioth*, in: Stuttgarter Zeitung vom 25.5.1988, S. 13; (schweizer Sicht) *Wuhrer*, in: Tages-Anzeiger Magazin vom 14.3.1987, S. 6-13; *Plattner*, in: Basler Zeitung vom 21.6.1988.

streckte sich u.a. auf die mögliche Zahl der Betroffenen und deren Berufsprofile, die Zielländer, die möglichen Gründe dafür einschließlich der voraussichtlichen Dauer der Auswanderung und die daraus entstehenden Konzequenzen. Das ganze Spektrum[211] scheint auf bei der Haltung zum Phänomen der heutigen Auswanderung. Auf der einen Seite sind diejenigen, die freiwillige und vorübergehende Auswanderung für eine langfristige Bereicherung[212] des einzelnen und der Heimat halten; auf der anderen Seite stehen diejenigen, die Auswanderung – einschließlich der europäischen Freizügigkeit[213] – für einen Verrat an der irischen Bevölkerung halten[214], und zwar verständlicherweise angesichts der traurigen Rolle der Auswanderung in der Geschichte dieses Landes.

aa) Zahl der Betroffenen

Nirgendwo in Irland werden zentrale Angaben gesammelt[215], die als zuverlässige Quelle zum Thema der Zahl der Auswanderer (und ihrer Zielländer) dienen könnten[216]. Versucht man festzustellen, wieviele Einwohner

---

[211] Unterminister im Bildungsministerium; Dáil Debates 1989, Vol. 392, No. 7, Column 1812, 1815.

[212] *Brian Lenihan* (Außenminister), in: Irish Independent vom 13.10.1987, S. 2: „... Its not a defeat because the more (Irish emigrants) hone their skills and their talents in another environment, the more they develop a work ethic in a country like Germany or the U.S. the better it can be applied to Ireland when they return ...". S.a. *John Kelly* (Fine-Gael-Abgeordneter), in: Irish Times vom 14.10.1987: „(what was wrong that) ... many young people wanted to go away and learn about the outside world and (that) this was something positive? Or that the more the work ethic of dynamic foreign industrial societies could be transplanted back here by returning emigrants the better ...". Ähnlich allgemein s.o. Fn. 78 (*EG*), S. 20. Kritisch zur Haltung bezüglich Irland vgl. *Nic Giolla Choille*, in *Mulholland/Keogh* (Hrsg.), S. 52-57, 54 ff.

[213] Dáil Debates 1989, Vol. 392, No. 7, Column 1818 ff.: „... suspect that emigration will end, not by reason of people not being forced to leave their country but because such movement will be called European labour mobility ...".

[214] Ähnlich Dáil Debates 1989, Volume 392, Column 1821, 2170. S.o. (statt vieler) Fn. 212 (*Nic Giolla Choille*).

[215] „no direct administrative measures"; vgl. *CSO*, Population/Labour Force, S. 14.

[216] S.o. Fn. 215, a.a.O. Vgl. Arbeitsminister, in: Irish Times vom 26.10.1989, S. 8 (Dáil Report): „... pilot scheme to devise a new method of estimating emigration figures is to be announced next year by the CSO ... in the absence of comprehensive documentary or other administrative procedures relating to the movement of persons

innerhalb eines gewissen Zeitraums ausgewandert sind, stehen zwei mögliche Hilfsquellen zur Verfügung. Auf der einen Seite sind dies die Ergebnisse der Volkszählungen[217], die in der Regel[218] alle zehn Jahre erhoben[219] werden, und auf der anderen Seite die Ergebnisse[220] der Umfragen, die unter gewissen ausgewählten Gruppen durchgeführt werden[221]. Weder die eine noch die andere Hilfsquelle kann für mehr als eine nützliche Schätzung herhalten; angesichts der mangelnden „unmittelbaren Verwaltungs-Maßnahmen“[222] beschränkt sich das Volkszählungsystem auf eine rein mathematische Kalkulation[223], welche nicht ohne Kritik bleibt, während bei den Umfragen nicht nur die Zahl der Befragten etwas gering bleibt, wenngleich die Teilnahme daran hoch ist und die daraus gezogenen Konsequenzen sich weiter statistisch berichtigen lassen[224]. Vor allem bleibt die Frage des tatsächlichen endgültigen Ziellands offen.

Sucht man belegbare Angaben aus den Zielländern einschließlich derjenigen, bei denen eine Meldepflicht üblich ist, so besteht die Gefahr, daß das Einwohnermelderegister nicht der tatsächlichen Lage entspricht. Der Grund dafür konnte eine systeminterne oder eine menschliche Ursache haben. Ohne hier die einzelnen Systeme überprüfen zu müssen, nimmt man die „Menschlichkeit“ der Menschen zur Kenntnis und zieht daraus zwei Konsequenzen. Zum einen ist im Falle der Schwarzarbeit klar, daß zwischen dem Einwoh-

---

into and out of the State, estimates of the net balance between inward and outward flows in the 12-month period to mid-April were made annually, using current population estimates and data on births and deaths. Estimates were not available for periods other than the 12 months to mid-April“.

217 S.o. Fn. 215, a.a.O.: „... Definitive estimates of net migration can ... only be made when Census results become available. This absence of current information and the volatile nature of migration ... makes the projection of Irish poplulation a very uncertain exercise even in the short term ...“. Zu diesem Problem s.o. Fn. 28, S. 33. Vgl. Statistics Act 1926, No. 12.

218 S.o. Fn. 204, S. vi.

219 Dabei wird das Verhältnis Bevölkerung : Abgeordnete bestimmt (Art. 16 Abs. 2.4. der Bunreacht na hÉireann).

220 Als „useful pointers“ bezeichnet; s.o. Fn. 176, S. 35.

221 Z.B. Veröffentlichungen von: *Higher Education Authority*; *National Institute of Higher Education, Dublin*; *University College, Cork*; *University College, Dublin*; *Labour, Department of*, Annual Surveys of Second School Level School Leavers. S.o. Fn. 220, a.a.O.

222 S.o. Fn. 215, a.a.O.

223 S.o. Fn. 204 (*CSO*), S. x.

224 S.o. Fn. 176, S. 42-44.

nermelderegister und der tatsächlichen Lage eine Diskrepanz besteht: Es liegt in der Natur der Sache, daß man sich bei Schwarzarbeit nicht anmeldet. Zum anderen ist es angesichts der Tatsache, daß die Iren keine Meldepflicht in der Heimat kennen, wohl möglich, daß sie sich – zumindest aus Versehen – im Aufnahmeland nicht melden oder höchstens an-, aber nicht abmelden. In diesem letzten Falle stellt sich auch die Frage, warum Einheimische – Arbeitgeber/Vermieter – ihren gesetzlichen Pflichten nicht nachkommen. Die Angaben der Volkszählung 1986[225], die die für den Zeitraum 1981-86 durchschnittlich höchste Netto-Auswanderung seit dem Zeitraum 1961-66 zeigen[226], haben die heftige Debatte über Auswanderung noch belebt. Zudem werden sogar diese „offiziellen" Angaben als zu niedrig bezeichnet[227].

bb) Die Zielländer

Es besteht hier das gleiche Problem der Belegbarkeit der Behauptungen. Obwohl wie in der Vergangenheit Großbritannien[228] und die Vereinigten Staaten[229] am häufigsten als Zielländer erwähnt werden – neben Hinweisen auf Kanada und Australien[230] –, rückt in letzter Zeit mehr und mehr „Europa"[231] in das Blickfeld, insbesondere als „erwünschtes" Land auch die Bundesrepublik[232]. Betrachtet man die Angaben[233] zu irischen Staatsangehörigen in den EG-Mitgliedstaaten, läßt sich eine steigende Tendenz erkennen[234]. Die Richtigkeit dieser Angaben läßt sich hier nicht dahingehend über-

---

[225] *CSO* – CENSUS 86, S. 23.

[226] S.u. Anhang Nr. 1.

[227] Statt vieler Dáil Debates 1989, Vol. 392, Column 1783 ff.

[228] Vgl. statt vieler Dáil Debates 1989, Vol. 392, Column 1808 ff., 1819 ff.

[229] Vgl. statt vieler Dáil Debates 1989, Vol. 392, Column 1783 ff.: „... engage in purposeful diplomatic action to persuade the US authorities to legislate in favour of our out-of-status young emigrants in the US, now numbering tens of thousands".

[230] S.o. Fn. 176, S. 34.

[231] Vgl. *Diggins*, S. 8; *Sterne*, S. 22; Dáil Debates 1989, Vol. 392, Column 1806 ff. (Regierung), 1818 ff. (Opposition). S.o. Fn. 76, S. 152.

[232] Vgl. statt vieler *Davy*, S. 13.

[233] S.u. Anhang Nr. 2 und 3.

[234] „It would be fair to say that the numbers going to all EEC countries to seek work have risen during the 1980s although we cannot quantify this" (Schriftverkehr mit der EIU-Sektion des irischen Sozialversicherungs-Ministeriums).

prüfen, inwieweit diese der tatsächlichen Lage der irischen Arbeitnehmer[235] im jeweiligen Mitgliedstaat entsprechen, ganz zu schweigen davon, inwieweit die Staatsangehörigen tatsächlich im jeweiligen Mitgliedstaat wohnhaft sind. Z.B. sind die statistischen Angaben, für deren Erhebung in den Mitgliedstaaten 1981/82 „Volkszählungen" hätten durchgeführt werden müssen, nicht vollständig, denn es konnte aus verschieden Gründen in manchen Mitgliedstaaten keine Volkszählung durchgeführt werden[236]. Diese Angaben sind aber weiter zitiert worden, ohne auf dieses Manko hinzuweisen[237]. Eine genauere Betrachtung dieser Problematik bleibt außerhalb des Rahmens dieser Arbeit. Es müß genügen, auf eventuelle Problemgebiete hinzuweisen und an die Vorsicht zu appellieren. Mangels weiterer gezielter Untersuchungen müssen Behauptungen darüber eher auf hypothetischer Ebene bleiben.

Man kann sich zu Recht fragen, ob sich Alternativen zu den alten Zielländern erkennen lassen, insbesondere im Hinblick auf Irlands EWG-Mitgliedschaft und das damit verbundene Recht der Arbeitnehmer auf Freizügigkeit innerhalb der EWG, denn Großbritannien wie die Vereinigten Staaten bieten den irischen Auswanderern eine lange gemeinsame Tradition. Großbritannien hat für Iren sogar eine besondere rechtliche Stellung gegenüber anderen Einwanderländern[238]. Ohne hier auf andere Fragen, z.B. Bevölkerungs- und Wirtschaftsentwicklungen einzugehen – worüber keine Einstimmigkeit unter den Fachleuten herrscht –, läßt sich aus rechtlicher Sicht sagen, daß Alternativen zu den traditionellen Zielländern vorhanden sind, und zwar die Mitgliedstaaten der EWG. Ob es zu einer Inanspruchnahme dieses Rechts kommt, ist noch offen. Es ist zutreffend gesagt worden, daß man ein Recht erst schätzt, wenn man es nicht hat[239]. Bezüglich der EWG-Freizügigkeit hat der irische Arbeitnehmer das Recht, aber es scheint noch eine offene Frage, wie er es eigentlich schätzt und nutzt.

---

235 S.u. Teil D bezüglich der Iren in der Bundesrepublik.

236 Vgl. die Erklärungen dazu in EUROSTAT: Volkszählungen 1981-1982, Theme 3, Series C: Population and social conditions, S. 16 ff.

237 S.o. Fn. 232, a.a.O.

238 Ireland Act 1949, S. 2; s.o. Fn. 8 (*Goodwin-Gill*), S. 13.

239 Vgl. *McAleese / Matthews*, S. 39-60, 53.

cc) Berufsprofile der Auswanderer

Es wird die Auffassung vertreten, daß viele der im Laufe der letzten Jahre Ausgewanderten qualifizierte - besonders junge - Fachleute sind[240], obwohl arbeitslose Familienväter[241] und junge Leute ohne Berufsausbildung[242] auch dabei sein sollen — es ist insoweit von einem „Brain-Drain" die Rede[243]. Daß sich eine Änderung des Bildungsniveaus[244] der Auswanderer feststellen laßt[245], ist kaum erstaunlich. Dies liegt am höheren Anteil der Bevölkerung, der infolge der Reformen im Bildungsbereich in den 60er Jahren[246] in den Genuß der „post-primary"-Schulung gekommen ist und demzufolge die Schulausbildung abgeschlossen oder oder sogar eine Weiterbildung unternommen hat. Das Problem der Belegbarkeit[247] der Behauptungen spielt auch hier eine Rolle, obwohl unter den Hochschulabsolventen, die ihre erste Arbeitsstelle antreten und die von einer der erwähnten Umfragen erfaßt werden, eine gewisse Zuverlässigkeit der angebotenen Angaben zu erwarten ist, dies unter dem Vorbehalt der geringeren zahlenmäßigen Teilnahme.

---

[240] Vgl. SA Nr. 1516/87, ABl. C 236/12.9.1988, S. 30. Vgl. statt vieler *Diggins*.

[241] S.o. Fn. 176, S. 34 f.

[242] S.o. Fn. 176, S. 36 ff. (bis 1986). Zum 1987 Department of Labour Survey of Second Level School Leavers vgl. Irish Times vom 12.12.1988. Zum Thema junger irischer Arbeitnehmer in London, die sich in Schwierigkeiten befinden, vgl. die Studie, über die in der Irish Times vom 11.10.1989, S. 9 berichtet wurde.

[243] S.o. u.a. Fn. 176, S. 35 ff. SA Nr. 1516/87, ABl. C 236/12.9.1988, S. 30.

[244] Vgl. *Hazelkorn*: „(bezüglich Auswanderung nach Großbritannien) ... the qualifications level of Irish emigrants has risen quite substantially since the 1950s. Contemporary emigrants are four times as likely to hold a degree. Only one third have no qualification compared to more than half of the earlier generation ... emigrants who arrived between 1980-83 ... with 20 per cent holding a degree and only one-quarter unqualified. Correspondeningly, this group registered the highest percentage of emigrant men in professional occupations. In contrast, post-1984 emigrants show a dramatic rise in male unskilled labour ...". S.o. Fn. 207, S. 17.

[245] Zu Auswanderern in den 50er, 60er und 70er Jahren *Rottmann/O'Connell*, in: *Litton* (Hrsg.), S. 63-88, 78-80.

[246] S.o. Fn. 245, S. 73.

[247] Dáil Debates 1989, Vol. 392, Column 1819 f.

dd) Gründe für die Auswanderung und die daraus entstehenden Konsequenzen einschließlich ihrer voraussichtlichen Dauer

Gleichzeitig mit der wachsenden Auswanderung ist die Zahl der Arbeitslosen gestiegen[248]. Nicht nur die allgemeine ökonomische Situation[249] Irlands wird als ein Hauptgrund[250] dafür angesehen, sondern auch die demographische Lage, wobei es nicht zu einem zufriedenstellenden Ausgleich zwischen Arbeitsplätzen und verfügbaren Arbeitskräften gekommen sei[251]. Unter den Fachleuten werden unterschiedliche Meinungen sowohl zur voraussichtlichen Dauer[252] der Auswanderung als auch zu den demographischen[253] Entwicklungen Irlands vertreten. Unumstritten ist, daß im Falle ei-

---

[248] S.o. Fn. 207, S. 18: „Unemployment more than doubled from 91,000 in 1980 to 204,000 in 1984." S.u. Anhang Nr. 3.

[249] S.o. Fn. 37, S. 93: „... the economic problems remain very formidable ... Despite substantial emigration, unemployment remains stubbornly at about 250,000 or nearly one-fifth of the labour force, and there is little prospect of much increase in total employment over the next few years ...".

[250] Zu möglichen Bestimmungsfaktoren vgl. statt vieler Dáil Debates 1989, Vol. 392, Column 1785, 1787, 1895. Vgl. *Sterne*, S. 22. Für einen Vergleich mit Aus-/ Binnenwanderungen der 60er und 70er Jahre s.o. (statt vieler) Fn. 38.

[251] S.o. Fn. 207, S. 85.

[252] (1) S.o. Fn. 215, S. 15 „... The demographic structure of the population allied to likely developments in female labour force participation rates will continue to generate labour supply pressures probably right up to the end of the century and beyond. This will give rise to „push" factors in the context of migration flows ..."; (2) *Brendan Walsh*, in Irish Times vom 22.4.1988: es sei unwahrscheinlich, daß die hohe Auswanderung länger andauern werden solle, weil es zu einem netto Rückgang bezüglich jungeren Arbeitskräfte kommen werde und dabei zum Aussterben des „push factor", was Auswanderung anbelangt; (3) Irish Times vom 1.9.1989, S. 11 (Leitartikel): „... the ESRI's forecast in its medium-term review published in June that emigration would peak at this level this year and fall relatively rapidly as economic recovery takes off. in the years ahead. However the institute still envisaged that over 100,000 more would emigrate in the five years to 1994".

[253] S.o. Fn. 215, S. 30: „The picture around the year 2021 then is of a country with a rapidly ageing population, with the numbers over 65 years of age on the verge of exceeding the numbers under 15 years of age and with the likelihood of this ageing continuing" (mit Vorbehalt). Vgl. dazu *Walsh*, in Irish Times, vom 21.4.1988, S. 1, der Prognosen in bezug auf die Bevölkerungsentwicklung für gefährlich hält; sie sollten mit „extreme scepticism" betrachtet werden; in Irland wegen unausreichender statistischen Angaben und „the openness of the Irish labour market to emigration influences" ist es in der Vergangenheit nicht gelungen, die wichtigsten Bevölkerungstrends vorherzusagen.

ner älter werdenen und zurückgehenden Bevölkerung in Irland die Arbeitskräftewanderung eine verschärfte Rolle gegenüber heute spielen wird[254]. Dies wird für mehrere Bereiche[255] Konzequenzen haben, nicht zuletzt bezüglich der hohen Investitionen in die Ausbildung der Auswanderer, die dem irischen Staat verloren gehen[256]. Es wird von einer „Rückzahlung" dieser Investition gesprochen oder von einer zusätzlichen Finanzierung seitens der EG[257]. Angesichts der mangelhaften Angaben bezüglich der Zielländer läßt sich schwer vorstellen, an wen ein Anspruch auf „Rückzahlung" gerichtet werden sollte. Seitens der EG-Kommission wird auf den derzeitigen Beitrag des Strukturfonds zur irischen Ausbildung hingewiesen[258].

---

[254] Zur Auswirkung der Auswanderung auf die Bevölkerung s.o. Fn. 78 (*NESC*), S. 106 ff.: „... in 1973 the rate of natural increase in Ireland 2.7 times the (simple) average for the Community as a whole; in 1986 the Irish rate was 6.3 times the Community average ... in 1986 emigration undid virtually the whole natural increase, leaving Ireland with one of the lowest rates of net population increase in the Community ...".

[255] S.o. Fn. 2 (*Hederman*), S. 13 ff.: „... effect of emigration on ... ability to make progress ... (and) ... affected economic, social and cultural life ..."; 45: „... continuing flow ... helped to keep ... Irish political situation relatively stable, albeit depressed ...".

[256] „... Ireland has long experience of the effects of large-scale involuntary emigration ... In a more integrated Europe ... essential that the weaker regions do not become mere suppliers of labour. Regional policy must be structured in such a way as to induce enterprises to locate and labour to stay in the peripheral regions ... bearing in mind that the education and training of individuals ... emigrate to take up employment elsewhere in the Community represents an outright benefit for the receiving region while, for the region of emigration, it is an investment from which it obtains little or no return. This is a non-trivial example of the way in which the richer regions may benefit from integration at the expense of the weaker areas ..." (*Doyle*).

[257] S.o. Fn. 240 (statt vieler).

[258] Irish Times (week ending) vom 13.8.1988: „... spokesman for the Commission in Dublin said ... already about half the costs of ... FAS came from the Community and ... regional technical colleges ... getting substantial contributions ...". Vgl. zum Beitrag des Strukturfonds statt vieler *FitzGerald*, in *Keogh*, S. 8. Vgl. zur Verteilung innerhalb Irland am Beispiel eines Jahres *Labour, Department of*, Annual Report 1988, S. 45 ff.

3. Rechtliche Regelungen, die bei der Auswanderung von Bedeutung sein können

a) Irland

Bezüglich internationaler rechtlicher Regelungen ist Irland Mitglied u.a. der UNO, der IAO, der OECD, des Europarats (Gründungsmitglied) und der EWG. In der Verfassung Irlands werden die allgemein anerkannten Grundsätze des Völkerrechts als Richtschnur für seine Beziehung zu anderen Staaten ausdrücklich anerkannt. Darüber hinaus herrscht in Irland das „dual-system" völkerrechtlichen Verpflichtungen gegenüber[259].

aa) Ein- / Ausreise

Trifft der Ire die Entscheidung, auszuwandern, so fällt ihm, rechtlich gesehen, die Entscheidung relativ leicht, wenn er in Richtung Großbritannien[260] reist, denn das Vereinigte Königreich, die Kanalinseln, die Isle of Man und Irland bilden eine „Common Travel Zone"[261]. Braucht er einen Paß (denn die Iren haben keinen Personalausweis im Falle eines Ziellands außerhalb dieser „Common Travel Zone"), so hat er ein Recht darauf, das mit nur geringen Vorbehalten versehen ist:

„... The granting or withholding of a passport doesn't appear to be of statutory origin. It is provided however in section 1 (XI) of the Ministers and Secretaries Act, 1924 that the Department (of Foreign Affairs) shall i.a. comprise the administration and business generally of the granting of passports and visas ... and all powers, duties and functions connected with same ... The State cannot by its laws nor by the Acts of its Executive guarantee its citizens as a personal right freedom of movement outside the State without entering into and enforcing binding agreements with other sovereign States. It does not seem to me that the Constitution can or should be construed as imposing upon the State in any event or upon any terms to enter into or enforce such agreements. Where however such agreements already exist in terms and subject to conditions acceptable to the State it appears to me that the citizens of the State may have got a right arising from the Christian and democratic nature of the State though not enumerated in the the Constitution

---

[259] Bunreacht na hÉireann, Art. 29 Abs. 1; vgl. dazu *Kelly*, S. 147 ff.; Abs. 6 (s.u. Anhang Nr. 14); ebd. S. 155 ff.

[260] Außer acht gelassen wird der Verkehr zwischen den beiden Teilen der Insel Irlands. Zur Problematik Reisen Irland–Nordirland–Großbritannien (und EWG) vgl. *White*, in *Flory / Higgins*, S. 248 ff. Zur Lage während des 2. Weltkrieges s.o. Fn. 165 (*Emigration Commission*), Para. 268 ff., 325, Appendices VI und VII.

[261] S.o. Fn. 260, S. 247 ff.

to avail of such facilities without arbitrary or unjustified interference by the State. To put the matter more bluntly / simply it appears to me that a citizen has subject to the obvious conditions which may be required by public order and the common good of the State the right to a passport permitting him or her to avail of such facilities as international agreements existing at any time afford to the holder of such a passport – subject of course to discharge of ... obligations ... I have no doubt therefore that a right to travel outside the State in the limited form in which I have already defined it that is to say a right to avail of such facilities as applied to the holder of an Irish passport at any given time is a personal right of each citizen which though not enumerated must ... be considered as being subject to the guarantees provided by Art. 40 ..."[262]

Reist man in Richtung Großbritannien – auch wenn nur als Zwischenlandung – entweder mit der Fähre oder mit dem Flugzeug, fragt keiner nach einem Paß oder nach dem Wohin bzw. Warum, weder bei der Ausreise noch bei der Einreise (mit geringen Ausnahmen)[263]. Fliegt man von Irland in Richtung Festland (direkt) oder strebt man irgendein anderes Ziel mit Ausnahme des Vereinigten Königreichs an, wird am Flughafen vom Fluggesellschaftspersonal nach der Gültigkeit des Passes gefragt bzw. dieser kontrolliert[264], aber dies geschieht ohne irgendeinen Bezug zum endgültigen Wohin oder Warum. Überquert man die Strecke zwischen Irland und dem Festland mit der Fähre (direkt), wird erst beim Ankommen in Frankreich nach dem Paß gefragt.

bb) Meldepflicht

Die Iren kennen in der Heimat keine Meldepflicht. Wandert der Ire aus oder entscheidet er sich dafür, in die Heimat zurückzukehren, ist er rechtlich nicht verpflichtet, sich ab-, um- oder anzumelden; nur in manchen[265] Fällen ist er rechtlich gehalten, seine Anschrift der jeweiligen Behörde mitzuteilen

---

[262] The State (K.M.) v Minister for Foreign Affairs, 1978 High Court Decisions, Unpublished, Vol. 5, Finlay P., S. 4. S.o. Fn. 259, S. 373. Bunreacht na hÉireann, Art. 40 „Fundamental Rights".

[263] Vgl. britischen Prevention of Terrorisim (Temporary Provisions) Act, 1974, Chapter 56 (PTA) (und „Subordinate Legislation" sowie Novellierungen, 1976, Chapter 8, und 1984, Chapter 8). Vgl. zum PTA *Samuels*, S. 365-370, 367; s.o. Fn. 260, S. 248 ff.

[264] Zum Basis dafür allgemein s.o. Fn. 8, S. 35 Fn. 3.

[265] Mitwirkungspflicht u.a. bei der Volkszählung; vgl. Statistics Act, 1926 (No. 12) Section 7: „... obligation to make returns and give information ...".

— dies ist selbstverständlich, liegt es doch in seinem eigenen Interesse, die neue Anschrift verschiedenen Behörden mitzuteilen[266].

cc) Wahlrecht

Das irische Wahlrecht[267] - mit Ausnahme der Senatswahlen - setzt neben der Volljährigkeit[268] die rechtzeitige Eintragung des Namens ins Verzeichnis der Wahlberechtigten[269] für den Wahlkreis voraus, in dem man wohnhaft[270] ist. Die zweite Voraussetzung besteht darin, daß man im Wahlkreis wohnhaft ist[271]. Ist man in mehreren Wahlkreisen wohnhaft - und im jeweiligen Wählerregister (rechtzeitig) eingetragen –, darf man nur in einem Wahlkreis seine Stimme abgeben[272]. Gelingt es dem Wähler, diese Voraussetzungen zu erfüllen, muß er, um sein Wahlrecht in Anspruch nehmen zu können, am Wahlort seine Stimme abgeben. Ist er aus irgendwelchen Gründen ortsabwesend, verliert er sein Wahlrecht. Das Briefwahlrecht ist allein den Soldaten - z.B. als Mitglied einer UNO-Friedenstruppe - eingeräumt[273], nicht aber den „normalen“ Ortsabwesenden bzw. Auswanderern. Die Begründung dafür soll im Verhältnis zum Wahlkreis liegen — wandert man aus, hat man keinen Wahlkreis mehr[274].

Anderes gilt für die Senatswahlen[275]. Hier sind die neugewählten Abgeordneten, die zurückgetretenen Senatoren, die Gemeinderäte (usw.) und die

---

[266] Z.B. dem Arbeitsamt, um seine Ansprüche auf Sozialleistung zu erhalten; dazu Department of Social Welfare, Social Security Rights in the EEC; *ders.*, Guide to Social Welfare Service.

[267] Electoral Acts, 1963-1985.

[268] Bunreacht na hÉireann, Art. 16 s. 1. ss. 1, s. 1. ss. 2; Electoral Amendment Act, 1973 s. 2, 3.

[269] Electoral Act, 1963 s. 5 ss. (1), (2), (5).

[270] Electoral Act, 1963 s. 5 ss. (1) (b), (2) (a) (i), (ii).

[271] S.o. Fn. 270, a.a.O.

[272] Bunreacht na hÉireann Art. 16 s. 1 ss. 4.

[273] Electoral Act, 1963 s. 5 ss. (3) (c).

[274] Bunreacht na hÉireann Art. 16 s. 2, ss. 1-4 regeln das Verhältnis Abgeordneter: Bevölkerung im jeweiligen Wahlkreis („,... population of each constituency ...“).

[275] Vgl. zum Senat Irlands *Garvin*; *Smyth*; *Chubb*, Government, S. 211 ff.; zum Vergleich mit dem bayerischen Senat vgl. *Coakley*, in *Penniman/Farrell* (Hrsg.), S. 19; zum bayerischen Senat vgl. (statt vieler) *von Schenckendorff*.

Hochschulabsolventen[276] wahlberechtigt[277]. Zur Zeit kommen für letztere nur die National University of Ireland[278] und die Dublin University[279] in Betracht, obwohl 1979 in einer Volksabstimmung eine Ausdehnung des Wahlkreises (für Universitäten und ähnliche) bei Senatswahlen von einer Mehrheit der Wahlbeteiligten zugesagt wurde[280]. Die Verfassung Irlands kennt nur die zwei erwähnten Universitäten, denn z.Zt. des Inkrafttretens der Verfassung waren sie die einzigen. Inzwischen sind zwar mehrere „institutions of higher education" gegründet worden. Dennoch bleibt das Wahlrecht bis heute auf die beiden alten Universitäten beschränkt. Dem Hochschulwahlkreis bei der Senatswahlen-Sitzverteilung werden 6 Sitze – je Hochschule 3 – zugeschrieben[281] aus insgesamt 60 Mandaten[282]. Die Senatswahlen sind Briefwahlen[283], einschließlich der Hochschulabsolventen aus aller Welt. Dieses bedeutet, daß auch der ausgewanderte Hochschulabsolvent sein Wahlrecht in dieser Hinsicht ausüben kann[284]. Sonst ist dem Iren im Ausland – sei es langfristig, sei es kurzfristig – das irische Wahlrecht[285] entzogen.

Nicht-einheimische Bewohner in Irland sind seit langem bei irischen Kommunalwahlen[286] wahlberechtigt, solange sie die oben erwähnten Voraussetzungen[287] erfüllen. Bei Parlamentswahlen[288] wurde ihnen durch eine Volksabstimmung[289] auf der Grundlage der Gegenseitigkeit[290] das Wahl-

---

[276] Bunreacht na hÉireann Art. 18. s. 4. (jetzt Art. 18 s. 4. ss. 1.)

[277] Seanad Electoral (University Members) Act, 1937, s. 7 ss. (1), (2) und Seanad Eectoral (Panel Members) Act, 1937, mit Novellierungen 1973.

[278] Wahlbeteiligung 1981: 48%; 1982: 45%; 1983: 47%.

[279] Wahlbeteiligung 1981: 62%; 1982: 64%; 1983: 73%.

[280] Seventh Amendment of the Constitution (Election of Members of Seanad Éireann by Institutions of Higher Education) Act, 1979 – Bunreacht na hÉireann Art. 18 s. 4. (jetzt Art. 18 s. 4. ss. 2).

[281] Bunreacht na hÉireann Art. 18 s. 4 ss. i., ii. (jetzt Art. 18 s. 4. ss. 1 i., ii.). S.o. Fn. 277.

[282] Bunreacht na hÉireann Art. 18 s. 1.

[283] Die Senatwahlen sind Briefwahlen; s.o. zu Senatwahlen insgesamt Fn. 275 (*Coakley*), S. 192-205; zu den Hochschulabsolventen ebd. S. 193 f.

[284] S.o. Fn. 278 f. zur Wahlbeteiligung unter Hochschulabsolventen.

[285] Einschließlich der Europawahl.

[286] Electoral Act, 1963 s. 5 ss. (2) (a) (i), (ii): „... a person shall be entitled...".

[287] S.o. Fn. 268-271.

[288] Und Präsidentenwahlen.

[289] Ninth Amendment of the Constitution Act, 1984 – Bunreacht na hÉireann Art. 16. s. 1. ss. 2 (ii): „such other persons *in the State* as may be determined by law";

recht eingeräumt. Iren in Großbritannien sind – dank ihres besonderen Status[291] – bei britischen Wahlen wahlberechtigt[292].

b) In den Zielländern

aa) Die Vereinigten Staaten

Hier steht der Einwanderungswillige in der Schlange ohne Ansprüche; er muß sogar zunächst ein Visum beantragen. Die (irische) Regierung tritt aber „engagiert" dafür ein[293], daß erstens der Status irischer „Schwarzarbeiter"[294] in den Vereinigten Staaten legalisiert[295] wird, und daß zweitens irische Auswanderungswillige in höherem Maße Visa[296] erhalten und dementsprechend einreisen, sich aufhalten, bewerben und arbeiten dürfen. Die Iren haben also keine Sonderrechte, wenn sie in die Vereinigten Staaten auswandern möchten[297].

bb) Großbritannien

Auf der anderen Seite, in Großbritannien, werden Iren rechtlich nicht als Ausländer betrachtet[298]. Bei Aufenthalt, sozialen und arbeitsrechtlichen Vorschriften etc. ist der Ireland Act 1949, Chapter 41, maßgebend[299]. Sie

---

ebd. Art. 16 s. 1. ss. 3: „... or other person ...". Vor dieser Volksabstimmung / Änderung waren nur „citizens" (Art. 16 s. 1. ss. 1-3 bei Parlamentswahlen wahlberechtigt. Bei Präsidentenwahlen gelten die gleichen Bedingungen wie bei Parlamentswahlen, Bunreacht na hÉireann Art. 12 s. 2. ss. 2.

290 Electoral (Amendment) Act, 1985 s. 2, 3, 5; abgesehen von der Gegenseitigkeit, der Volljährigkeit und der Eintragung ins Wählerregister soll der Wähler (s. 5 ss. [6]) „ordinarily resident in that constituency".

291 S.o. Fn. 8, S. 13.

292 Ireland Act, 1949 s. 2 ss. (1), s. 3 ss. (1); Representation of the People Act, 1949.

293 Dáil Debates 1989, Vol. 392, Columns 2156-2163 (Außenminister).

294 Sog. „out-of-status" workers; Dáil Debates 1989, Vol. 392, Column 2149.

295 Dáil Debates 1989, Vol. 392, Column 2160 (Außenminister).

296 Dáil Debates 1989, Vol. 392, Column 2158, 2160 (Außenminister).

297 Vgl. dazu *O'Dwyer*, in *Mulholland / Keogh* (Hrsg.), S. 82-88; *Ireland, Government of*, in *Mulholland / Keogh* (Hrsg.), S. 89-98.

298 S.o. Fn. 238 (*Goodwin-Gill*), a.a.O.

299 s. 2. (1): „It is hereby declared that, notwithstanding that the Republic of Ireland

sind sogar wahlberechtigt[300]. Abgesehen von den vielen anderen Bestimmungsfaktoren ist diese Sonderstellung sicher ein Hauptgrund dafür, weshalb Großbritannien für Iren einen besonderen Reiz als Auswanderungsziel hat.

cc) Europäische Gemeinschaft

Als EWG-Arbeitnehmer haben diejenigen Iren, die in Richtung Europa auswandern möchten, ein Grundrecht auf Freizügigkeit innerhalb der Gemeinschaft, das mit nur wenigen – und eng zu betrachtenden – Beschränkungen versehen ist[301]. Hierauf ist im folgenden Abschnitt näher einzugehen.

---

is not part of His Majesty's dominions, the Republic of Ireland is not a foreign country for the purposes of any law in force in any part of the United Kingdom ..."

[300] Representation of the People Act, 1949 s. 1 u. 2. S.o. Fn. 273 (*Hartley*), S. 189.

[301] S.u. Fn. B / 56, 57.

B. Das Recht auf Freizügigkeit der Arbeitnehmer innerhalb der EWG

I. Entstehung

1. Vorbereitungsphase

Die wichtige Rolle, die ein Zustrom von Arbeitskräften für die wirtschaftliche Expansion eines Landes spielen kann, wurde während der Vorbereitungsphase zur Entstehung der EWG früh erkannt[1]. Allerdings durften Regelungen nicht ohne Rücksicht auf die Gefahr der Auswanderung für den Heimatstaat und auf die Notwendigkeit der „Schaffung von Beschäftigungsmöglichkeiten an Ort und Stelle"[2] erfolgen.

Die Einbeziehung aller Arbeitnehmer einschließlich der Ungelernten in den Genuß der Freizügigkeit wurde ausdrücklich erwähnt angesichts der Tatsache, daß gerade ihre Freizügigkeit erleichtert werden sollte, da solche Arbeitskräfte erhebliche Probleme haben, eine Stelle in Ländern mit hohem Anteil an Arbeitslosigkeit zu finden. Der Vorteil für die Arbeitnehmer der Einwanderungsländer wäre demzufolge die Gelegenheit, in besser bezahlte und weniger anstrengende Stellen zu wechseln[3].

Die Wichtigkeit einer richtigen Interpretation der Freizügigkeit der Arbeitnehmer gemäß Art. 48 ff EWG-Vertrag, nämlich einschließlich des Rechts, sich in jedem Land der Gemeinschaft um die tatsächlich angebotenen Stellen zu bewerben, und ohne irgendwelche Beschränkungen, die nicht auch für die einheimischen Arbeiter gelten, in dem jeweiligen Land zu verbleiben, wenn tatsächlich eine Beschäftigung erlangt wurde[4], wurde unterstrichen. Durch das *Verbot jeder Diskriminierung* zwischen Einheimischen und Nichteinheimischen sollte verhindert werden, daß Lohnsenkungen oder andere Nachteile für die einheimischen Arbeitnehmer eingeführt werden[5]. Die Liberalisierung

---

[1] S.o. Fn. A/62 (*Spaak*), S. 94.

[2] S.o. Fn. 1, a.a.O.

[3] S. o. Fn. A/62 (*Spaak*) S. 95.

[4] S.o. Fn. 3, a.a.O.

[5] Vgl. zu dieser Problematik bezüglich der Bundesrepublik und Frankreich *Edye*, S. 62 ff.

der Arbeitskräftebewegungen sollte die Mitgliedstaaten veranlassen, sich um die wirtschaftliche Entwicklung – und dadurch um die Schaffung von Arbeitsplätzen und die Beseitigung der Arbeitslosigkeit – zu bemühen[6]. Obwohl die menschlichen Aspekte der Arbeitslosigkeit bzw. der Freizügigkeit[7] in die Überlegung einbezogen wurden, standen alles in allem die *wirtschaftlichen*[8] Aspekte der Arbeitslosigkeit bzw. der Freizügigkeit der Arbeitnehmer als Produktivkräfte[9] ganz eindeutig im Vordergrund.

2. EWG-Vertrag

Zu den Tätigkeiten[10] der Gemeinschaft gehört (u.a.) die Beseitigung der Hindernisse für den freien Personen-, Dienstleistungs- und Kapitalverkehr zwischen den Mitgliedstaaten[11]. Diese ursprüngliche Tätigkeitsumgrenzung wurde durch die EEA bekräftigt, und zwar nicht nur dadurch, daß der Binnenmarkt einen Raum umfaßt, in dem u.a. der freie Verkehr von Personen gewährleistet ist[12], sondern auch wegen der Vielfältigkeit der Impulse[13], die sich aus den Bemühungen zur Vollendung des Binnenmarktes ergeben.

Während der erste Teil des EWG-Vertrages[14] die Grundsätze des Europäischen Gemeinschaftsrechts beherbergt, werden im zweiten Teil die Grund-

---

[6] S.o. Fn. A/62, S. 97. Zum Binnenmarkt insoweit s.o. Fn. A/78, S. 18 ff.

[7] S.o. Fn. 1, a.a.O.

[8] „ökonomisch-nützlich"; vgl. *Oppermann*, Beitrag, S. 872 ff., 890.

[9] Z.B. s.o. Fn. A/62 (*Spaak*), S. 81, wo der Obertitel zum Titel, in dem die Freizügigkeit der Arbeitnehmer behandelt wurde, „Entwicklung und volle Nutzung der europäischen Produktivkräfte" lautet. Zur ökonomischen Theorie hinter der Freizügigkeit der Produktionsfaktoren – einschließlich der Arbeiter – s.o. Fn. A/4 (*Grabitz*, Bürgerrecht), S. 68 ff.

[10] EWG-V Art. 3.

[11] EWG-V Art. 3 c.

[12] Bulletin der EG, Beilage 2/86. Art. 13 – EWG-V Art. 8A, 2. Satz.

[13] Vgl. statt vieler *EG-Kommission*, Weißbuch Titel III; *dies.*, Europa ohne Grenzen; *dies.*, 22. Gesamtbericht, Tz. 448-450; s.o. Fn. A/78; s.o. Fn. A/36; Bulletin der EG 9/1988, Nr. 1.1.1-1.1.6 – Arbeitsunterlage der Kommission über die soziale Dimension des Binnenmarktes: Enthält die Grundsätze, die der Berücksichtigung der sozialen Dimension des Binnenmarktes zugrunde gelegt werden müssen, und stellt ein „Arbeitsprogramm" dar, in dem die kurzfristig durchzuführenden Aktionen dargelegt sind; *dies.*, Bulletin 11/1988, Nr. 2.4.41.

[14] Vertrag zur Gründung der Europäischen Wirtschaftsgemeinschaft vom 25. März 1957, BGBl. 1957 II S. 766, mit Änderungen.

lagen der Gemeinschaft[15] behandelt. Im Gegensatz zum EGKS-Vertrag[16], wo es ausdrücklich nur um die Freizügigkeit der Kohle- und Stahlfacharbeiter ging[17], und anders auch als im EAG-Vertrag[18], wo es ebenfalls ausdrücklich nur um die Freizügigkeit bei qualifizierter Beschäftigung auf dem Nukleargebiet[19] ging, erstrecken sich die Vorschriften des EWG-Vertrags[20] auf *alle* Arbeitnehmer der Mitgliedstaaten, was dem Sinne der Überlegungen während der Vorbereitungsphase völlig entspricht[21]. Spätestens bis zum Ende der Übergangszeit[22] sollte innerhalb der Gemeinschaft die Freizügigkeit der Arbeitnehmer hergestellt werden[23], was angesichts der im Laufe der Jahre erfolgten Erweiterungen der Gemeinschaft verschiedene Zeitpunkte bedeutet hat[24]. Der Sinn der Übergangsregelungen besteht darin, Störungen auf den Arbeitsmärkten der ursprünglichen Mitgliedstaaten durch eine massive Ankunft neuer Arbeitsuchenden zu vermeiden und dazu beizutragen, die öffentliche Meinung dafür zu gewinnen[25].

Die Grundelemente der im EWG-Vertrag verankerten Freizügigkeit der Arbeitnehmer bestehen aus dem Recht, sich um tatsächlich angebotene Stel-

---

[15] Titel I deckt den freien Warenverkehr, Titel II die Landwirtschaft, Titel III die Freizügigkeit, den freien Dienstleistungs- und Kapitalverkehr und Titel IV den Verkehr ab. Kapitel 1 des Titels III enthält die Überschrift „Die Arbeitskräfte“, während Kapitel 2 die Überschrift „Das Niederlassungsrecht“, Kapitel 3 „Dienstleistungen“ und Kapitel 4 „Der Kapitalverkehr“ tragen.

[16] Vertrag über die Gründung der Europäischen Gemeinschaft für Kohle und Stahl vom 18. April 1951 (BGBl. 1952 II S. 447) mit Änderungen.

[17] EGKS-V Art. 69.

[18] Vertrag zur Gründung der Europäischen Atomgemeinschaft vom 25. März 1957 (BGBl. II S. 1014), mit Änderungen.

[19] EAG-V Art. 96.

[20] Art. 48 ff.

[21] S.o. Fn. 3, a.a.O.

[22] EWG-V Art. 8; ursprünglich war der 1.1.1969 vorgesehen.

[23] EWG-V Art. 48 I.

[24] Für die 6 Gründungsmitgliedstaaten laut Vertrag 1969, aber tatsächlich Oktober 1968; für Dänemark 1.1.1973; für Irland und das Vereinigte Königreich 1.1.1973 bzw. 1.1.1978; vgl. ABl. L 73/ 27.3.1972, S. 14, Art. 9 bzw. S. 143 Anhang VII. Für Griechenland 1.1.1988, ABl. L 291/19.11.1979, S. 17; dazu s.o. Fn. A/51 (*Papastamkos*), S. 75. Für Portugal und Spanien 1.1.1993, vgl. ABl. L 302/15.11.1985 S. 23, Art. 55-59; Art 216. Abs. 1 und Art. 218 (in Luxemburg erst ab 1.1.1996; dazu *Kapteyn / Verloren van Themaat*, S. 411).

[25] Vgl. dazu *Séché*, in *Kapteyn* (Hrsg.), S. 11-36, 12.

len zu bewerben[26]; sich zu diesem Zweck im Hoheitsgebiet der Mitgliedstaaten frei zu bewegen[27]; sich in einem Mitgliedstaat aufzuhalten, um eine Beschäftigung auszuüben, und zwar nach den für die Arbeitnehmer dieses Staates geltenden Rechts- und Verwaltungsvorschriften[28]; und nach Beendigung einer Beschäftigung im Hoheitsgebiet eines Mitgliedstaates zu verbleiben[29]. Es wurde richtig darauf hingewiesen, daß dieses im Vertrag verankerte Verbleiberecht eher von der Menschlichkeit als von den wirtschaftlichen Aspekten geprägt wurde[30]. Die Überlegung bezüglich der nicht auf Grund der Staatsangehörigkeit diskriminierenden[31] Behandlung der Arbeitnehmer der Mitgliedstaaten[32] findet ihren Niederschlag im EWG-Vertrag[33] in bezug auf Beschäftigung, Entlohnung und sonstige Arbeitsbedingungen[34]. Ausgeschlossen von diesem Recht ist die Beschäftigung in der öffentlichen Verwaltung[35], obwohl die Kommission ein Programm[36] durchführt, bei dem vier Berufsgruppen[37] sowohl im privaten als auch im öffentlichen Bereich liberalisiert werden sollen. Zweck dieses Programm ist es, eine zu restriktive Auslegung des Art. 48 Absatz 4 EWG-V seitens der Mitgliedstaaten zu verhindern. Die tatsächliche Ausübung des Rechtes auf Freizügigkeit steht unter dem Vorbehalt der aus Gründen der öffentlichen Ordnung, Sicherheit und Gesundheit gerechtfertigten Beschränkungen[38].

---

[26] EWG-V Art. 48 III a.

[27] EWG-V Art. 48 III b.

[28] EWG-V Art. 48 III c.

[29] EWG-V Art. 48 III d, und zwar unter Bedingungen, welche die Kommission in Durchführungsverordnungen festlegt; vgl. dazu VO 1217/70, ABl. L 142/30.6.1970, S. 24 (soll dafür sorgen, daß diejenigen, die ihr Recht auf Freizügigkeit in Anspruch nehmen, dies ohne Nachteile vollziehen können – Präambel).

[30] Vgl. dazu *Oppermann*, Marktbürger, S. 91.

[31] Zur Diskriminierung vgl. *Sundberg-Weitman*.

[32] S.o. Fn. 4.

[33] Art. 7.

[34] Art. 48 II.

[35] EWG-V Art. 48 IV. Vgl. ausführlich dazu *Hochbaum/Eiselstein*; *Handoll*; *O'Keeffe*. Vgl. u.a. Rs.149/79 Kommission g. Belgien, Slg. 1982 II S. 1845.

[36] *EG-Kommission*, Programm der Kommission (ABl. C 72/18.3.1988, S. 2).

[37] Lehrberufe, öffentliche Gesundheit, zivile Forschung und staatliche Wirtschaftsunternehmen, wie z.B. öffentliches Verkehrswesen, Strom- und Gasversorgung, Luftverkehrsunternehmen und Reedereien, Post- und Fernmeldewesen, Rundfunk- und Fernsehanstalten.

[38] EWG-V Art. 48 III.

Die erforderlichen Maßnahmen zur Herstellung[39] der Freizügigkeit waren von den Mitgliedsstaaten zu treffen, einschließlich einer engen Zusammenarbeit zwischen den einzelstaatlichen Arbeitsverwaltungen[40] (Schaffung unter bestimmten Bedingungen geeigneter Verfahren für die Zusammenführung und den Ausgleich auf dem Arbeitsmarkt[41], Beseitigung der Verwaltungsverfahren und -praktiken und der Fristen und Beschränkungen bezüglich des Zugangs der ausländischen Arbeitnehmer zur Arbeit[42], einschließlich eines flankierenden Systems zur Sicherstellung der Ansprüche und Leistungen im Bereich der sozialen Sicherheit[43]). Der Austausch junger Arbeitskräfte im Rahmen eines gemeinsamen Programms ist von den Mitgliedstaaten zu fördern[44]. Zudem wurde die Errichtung eines Europäischen Sozialfonds[45] zum Zwecke der Förderung der örtlichen und beruflichen Freizügigkeit der Arbeitskräfte vorgesehen[46]. Der ESF ist im Laufe der Jahren mehrmals umgestaltet worden, zuletzt im Rahmen der EEA[47].

Zu den Aufgaben der *Kommission* im Bereich der Sozialpolitik[48] gehört die Förderung einer engen Zusammenarbeit zwischen den Mitgliedstaaten u.a. auf den Gebieten der Beschäftigung, der beruflichen Ausbildung und der Fortbildung sowie der sozialen Sicherheit.

---

39 EWG-V Art. 49.

40 Art. 49 lit. a).

41 Art. 49 lit. d).

42 Art. 49 lit. b) und c).

43 EWG-V Art. 51.

44 Art. 50.

45 EWG-V Art. 123 ff.

46 Vgl. dazu statt vieler *Collins*; *Shanks*, S. 19 ff; *Stabenov*, in *Kapteyn* (Hrsg.), S. 61 ff; s.o. Fn. A/113, S. 165 ff. (bezüglich der Bundesrepublik).

47 Art. 23/EWG-V Art. 130b. Vgl. KOM (87) 100 endg. Vgl. *EG-Kommission*, 22. EG-Gesamtbericht, Tz. 533 ff. Zur Umstrukturierung s.o. Fn. A/78, S. 54 ff.

48 EWG-V Art. 118; zur Sozialpolitik und der EG-Kommission s.o. Fn. A/113, S. 161; zu den Sozialpolitischen Aktionsprogrammen ebd. S. 168 ff.

II. Konkretisierung und Durchsetzung des Rechts der Arbeitnehmer auf Freizügigkeit

1. Sekundäres Recht

Die Grundelemente der im EWG-Vertrag verankerten Freizügigkeit der Arbeitnehmer werden durch das sekundäre Recht „näher konkretisiert"[49].

a) Ausreise-, Einreise- und Aufenthaltsrecht

Um sein Recht auf Freizügigkeit ausüben zu können, muß der Arbeitnehmer[50] in der Lage sein, aus dem Herkunftsland in das Beschäftigungsland einzureisen und sich dort aufzuhalten. Dies wird durch die Richtlinie 68/360[51] geregelt[52]. Das Ausreise-[53] und Einreise-[54] sowie das Aufenthaltsrecht[55] und das Recht auf die Aufenthaltserlaubnis[56] der Arbeitnehmer werden davon umfaßt. Das *Einreiserecht* darf nur insoweit beschränkt werden, als es aus Gründen der öffentlichen Ordnung, Sicherheit oder Gesund-

---

[49] S.o. Fn. A/156, S. 7; der Ausdruck wurde bezüglich der VO 1612/68 verwendet, aber er trifft auf mehrere sekundäre Rechtsgrundlagen zu.

[50] Zum Thema Einreiserecht der Arbeitsuchenden vgl. Erklärung der Mitgliedstaaten bei der Verabschiedung von VO 1612/68 und RL 68/360; s.o. Fn. A/83, Art. 48, Rdnr. 43; s.o. Fn. A/273 (kritisch zu Art und Weise einer solchen Erklärung) S. 105 ff; (zur Infragestellung) vgl. *Mancini*, S. 5 mit Hinweis auf Generalanwalt Trabucchi in der Rs. 118/75 Watson und Belmann, Slg. 1976 II S. 1185. Zur Frage des Einreiserechts der Arbeitsuchenden wird in Kürze ein Urteil des EuGH ergehen – Rs. 292/89 – „Voraussetzung für die Ausübung des Aufenthaltsrechts durch einen Gemeinschaftsangehörigen auf der Suche nach einer Beschäftigung – Auslegung der RL 64/221 und 68/360".

[51] ABl. L 257/19.10.1968, S. 13. Ausführlich dazu s.o. Fn. A/83, Art. 48, Rdnr. 38 ff. Zum Änderungsvorschlag vgl. KOM (88) 815 endg. – SYN. 185, ABl. C 100/21.4.1989, S. 8.

[52] Da das Recht unmittelbar aus dem EWG-V Art. 48 III lit. b) und c) stammt, sind die Bestimmungen der RL 68/360 als deklaratorisch zu betrachten; dazu (statt vieler) s.o. Fn. A/156 (*Birk*), S. 7.

[53] RL 68/360 Art. 2 I-III.

[54] RL 68/360 Art. 2 I, III, IV.

[55] RL 68/360 Art. 4, 8.

[56] RL 68/360 Art. 4-9.

heit gerechtfertigt ist; es darf nicht zu wirtschaftlichen Zwecken genutzt werden[57]. Dies ist ausdrücklich in der Richtlinie 64/221[58] zur Koordinierung der Sondervorschriften für die Einreise und den Aufenthalt von Ausländern bestätigt.

Vorschläge[59], die den Kreis der Aufenthaltsberechtigten ausdehnen würden, liegen vor. Ob diese Vorschläge verwirklicht werden, ist angesichts der bisherigen Erfahrungen bei dem Versuch, den Personenkreis auszudehnen[60], eine offene Frage. Gegner befürchten bei einer Ausdehnung des Kreises der Aufenthaltsberechtigten Wanderungsbewegungen aus Mitgliedstaaten mit niedrigerem Sozialschutz in Länder mit höherem Schutzniveau, mit der Folge finanzieller Belastungen dieser Länder. Diese Befürchtungen werden bei den oben erwähnten Vorschlägen insofern angesprochen, als die Berechtigten Krankenversicherungsschutz genießen[61] und eine Invaliditäts- oder Altersrente oder eine Rente wegen eines Arbeitsunfalls oder einer Berufskrankheit erhalten oder über ausreichende Existenzmittel verfügen, durch die sichergestellt ist, daß sie während ihres Aufenthalts nicht der Sozialhilfe des Aufnahmemitgliedstaats zur Last fallen[62].

b) Das Erwerbsleben

Mit dem Inkrafttreten der VO 1612/68[63], die die früheren Vorschriften ersetzt[64], war die Übergangsperiode vorzeitig abgeschlossen. Diese Verord-

---

[57] RL 64/221 Art. 2 II.

[58] ABl. 56/4.4.1964, S. 859.

[59] Betr. Studenten vgl. KOM. (89) 275 endg. – SYN 199, ABl. C 191/28.7.1989, S. 2; betr. die aus dem Erwerbsleben ausgeschiedenen Arbeitnehmer und die selbständig Erwerbstätigen vgl. KOM (89) 275 endg. – SYN 200, ABl. C 191/28.7.1989, S. 3. Zum Vorschlag eines „allgemeinen Aufenhaltsrechts" KOM (89) 275 endg – SYN. 200, ABl. C 191/28.7.1989, S. 5.

[60] Vgl. KOM (79) 219; KOM (80) 538; KOM (80) 649.

[61] Bezüglich Studenten, Ehegatten und unterhaltsberechtigte Kinder vgl. KOM (89) 275 endg. – SYN 199, Art. 1 I.

[62] Allgemeines Aufenthaltsrecht – Vorschlag; dazu KOM (89) 275 endg. – SYN 200, ABl. C 191/28.7.1989, S. 5 Art. 1.

[63] ABl. L 257/19.10.1968, S. 2 (geändert durch VO 312/76, ABl. L 39/14.2. 1976, S. 2. Zum Änderungsvorschlag siehe KOM (88) 815 endg. – SYN 185, ABl. C 100/21.4.1989, S. 6 ff.

[64] VO Nr. 15, ABl. 1961 Nr. 57, S. 1073; vgl. dazu Fn. A/60 (*Brewster*), S. 55 ff.

nung enthält die konkreten Vorschriften, die für den Zugang zum Erwerbsleben von Bedeutung sind. Der EWG-Arbeitnehmer genießt dadurch dieselbe Stellung[65] bezüglich des Zugangs zum Arbeitsmarkt wie Einheimische. Er genießt dieselben sozialen[66] und steuerlichen Bedingungen[67] bei einer Beschäftigung sowie die gleichen Arbeitsbedingungen[68], einschließlich des Zugangs zur Berufsbildung[69] und bezüglich der Mitgliedschaft in einer Gewerkschaft[70] und der Hilfe des Arbeitsamts[71] u.a. im Falle der Suche nach einer Beschäftigung.

c) Das Verbleiberecht

Das Verbleiberecht[72] der Arbeitnehmer nach Beendigung einer Beschäftigung in einem Mitgliedstaat, das in VO 1251/70[73] geregelt wird, soll dafür sorgen, daß diejenigen, die ihr Recht auf Freizügigkeit in Anspruch nehmen, dies tun können, ohne daß ihnen Nachteile[74] daraus entstehen.

d) Soziale Sicherheit

Zweck der VO 1408/71[75] über die Systeme der sozialen Sicherheit[76] für Arbeitnehmer, deren Inhalt durch die Rechtsprechung des EuGH kon-

---

[65] VO 1612/68, Art. 1 Abs. 2.

[66] Einschließlich der Ansprüche auf Wohnraum/Wohnungen, VO 1612/68 Art. 9.

[67] VO 1612/68 Art. 7 II.

[68] VO 1612/68 Art. 7 I und II.

[69] VO 1612/68 Art. 7 III.

[70] VO 1612/68 Art. 8.

[71] VO 1612/68 Art. 5.

[72] EWG-V Art. 48 III lit. d).

[73] ABl. L 142/30.6.1970, S. 24.

[74] VO 1251/70, Präambel.

[75] Gestützt auf EWG-V Art. 51, ABl. L 149/5.7.1971, S. 2 (mehrmals geändert, vgl. *EG*, Fundstellenachweis des geltenden Gemeinschaftsrechts, Bd. I., 15. Ausgabe, Stand 1.6.1990, Kap. 05.20.40, S. 415).

[76] Ausführlich dazu vgl. *Watson*, Social Security Law. Zur Bedeutung der sozialen Sicherheit für die Ausübung des Freizügigkeitsrechts vgl. *Klang*, S. 95 ff. Zu den Problemen bzw. Hindernissen in diesem Bereich und deren Auswirkungen auf die Freizügigkeit s.o. Fn. A/78, S. 20. Vgl. auch *Beutler* et al, Rechtsordnung, S. 311.

kretisiert worden ist[77], ist die Beseitigung der sich aus den verschiedenen Systemen der sozialen Sicherheit ergebenden Nachteile für diejenigen, die ihr Recht auf Freizügigkeit in Anspruch nehmen[78]. Die sekundären Rechtsakte üben eine koordinierende[79], aber keine harmonisierende[80] Rolle aus. Zum Anwendungsbereich der Verordnung 1408/71[81] gehören Leistungen für Krankheit, Alter, Tod, Invalidität, Arbeitslosigkeit[82] und Familienleistungen, während zum betroffenen Personenkreis Arbeitnehmer und Selbständige[83] sowie ihre Familienangehörigen und Hinterbliebenen zählen[84]. Das Recht, seine erworbenen Ansprüche zu erhalten, ist sicher für den mobilen Arbeitnehmer vom Vorteil und darf als positiver Beitrag zur Ausübung des Rechts auf Freizügigkeit betrachtet werden.

2. Beitrag des EuGH

Der Beitrag des EuGH[85] zur Verwirklichung der Freizügigkeit der Arbeitnehmer – das grundlegende[86] und unmittelbare[87] Recht des einzelnen Gemeinschaftsbürgers – ist im Laufe der Jahre ganz erheblich geworden, obwohl er bis in die 80er Jahre nur wenige Fälle zu entscheiden hatte[88]. Von besonderer Bedeutung ist die Festlegung sowohl des Begriffs des Arbeitnehmers als Gemeinschaftsbegriff[89], der unabhängig von den in den

---

[77] S.o. (ausführlich) Fn. 76 (*Klang*).

[78] Statt vieler s.o. Fn. 76 (*Klang*), S. 36 f., 95 ff.

[79] Statt vieler s.o. Fn. 76 (*Beutler* et al), S. 311.

[80] Statt vieler s.o. Fn. 76 (*Klang*), S. 176 f.

[81] Art. 4 I.

[82] Nicht aber Sozialhilfe. Vgl. dazu (statt vieler) ABl. C 169/9.7.1980, und SA Nr. 1451/88, ABl. C 202/7.8.1989, S. 12.

[83] Art. 2.

[84] Art. 2 II.

[85] Dessen Haltung als „integrations-freundlich" bezeichnet worden ist; s.o. Fn. 8, S. 871 ff., 889; s.o. Fn. 50 (*Mancini*), S. 3: „... if ours is not just a traders' Europe ... it is the judges of the Court whom we must thank ...".

[86] VO 1612/68, Präambel.

[87] Rs. 41/74, Slg. 1974 Band XX, S. 1337, Van Duyn g. Home Office, Rdnr. 15.

[88] S.o. Fn. 24 (*Kapteyn/Verloren van Themaat*), S. 412 ff.

[89] Zur Notwendigkeit der Uniformität unter den Gemeinschaftsregelungen s.o. Fn. 85 (*Mancini*), S. 4. Deren Bedeutung wird unter Rückgriff auf die allgemein anerkannten Auslegungsgrundsätze, und zwar ausgehend vom gewöhnlichen Sinn der Be-

Rechtsvorschriften der Mitgliedstaaten definierten Kriterien bestimmt wird, als auch des Inhalts[90] des Rechts auf Freizügigkeit, einschließlich der erworbenen Ansprüche bzw. Leistungen der Sozialversicherung[91].

III. EWG-Maßnahmen, die zur Ausübung des Rechts auf Freizügigkeit besonders beitragen

1. SEDOC

Zweck des SEDOC-Systems[92] ist es, einen Ausgleich zu ermöglichen zwischen den Stellenangeboten, die nicht durch die Arbeitskräfte des inländischen Arbeitsmarktes befriedigt werden konnten oder voraussichtlich nicht befriedigt werden können[93], und den Arbeitsuchenden, die sich tatsächlich bereit erklärt haben, eine Stelle in einem anderen Land anzunehmen[94].

Wenigstens einmal im Monat wird eine nach Berufen und Gebieten gegliederte Zusammenstellung der in Betracht kommenden Stellenangebote bzw.

---

griffe in ihrem Kontext und im Lichte der Ziele des Vertrages, ermittelt; Rs. 53/81 Band I, Slg. 1982, S. 1035 ff. – Levin g. Staatssecretaris van Justitie, Rdnr. 9, 13; (vgl. statt vieler Rs. 75/63, Slg. 1964, S. 177 ff. – Hoekstra g. Bestuur der Bedrijfsvereniging; Rs. 39/86 – Lair g. Universität Hannover (noch unveröffentlicht); Rs. 197/86 – Brown g. Secretary of State for Scotland (noch unveröffentlicht); Rs. 139/85, Slg. 1985, S. 1742 ff. – Kempf g. Staatssecretaris van Justie, Rdnr. 13; Rs. 175/78, Slg. 1979 – Saunders, Rdnr. 11 f.; Rs. 66/85 – Blum g. Land Baden-Württemberg, Rdnr. 22; Rs. 82 und 103/86 – Laborero und Sabato g. OSSOM (noch unveröffentlicht); Rs. 389 und 390/87 – Echternach und Moritz g. Niederländischer Min. für Unterricht und Wissenschaft (noch unveröffentlicht); Rs. 344/87 – I. Bettray g. Staatssecretaris van Justitie (noch unveröffentlicht); Rs. 149/79, Slg. 1982 II, S. 1845 – Kommission g. Belgien.

[90] Statt vieler s.o. Fn. 85, S. 3 ff; *Winkel*; *Watson* in: CMLRev 24 (1987), S. 89-97. Vgl. statt vieler Rs. 9/74, Slg. 1974, S. 773 – Casagrande g. Landeshauptstadt München; Rs. 36/75, Slg. 1975 II, S. 1219 – Rutili g. Minister des Innern; Rs. 32/75, Slg. 1975 II, S. 1085 – Cristini g. SNCF; Rs. 68/74, Slg. 1975 I, S. 109 – Alaimo g. Préfet du Rhone; Rs. 48/75, Slg. 1976 I, S. 497 ff. – Royer; Rs. 118/75, Slg. 1976 II, S. 1185 – Watson und Belmann; Rs. 65/81, Slg. 1982, S. 33 ff. – Reina.

[91] Vgl. statt vieler *Hailbronner*, Rechtsprechung; *Morgan*; *Pompe*; s.o. Fn. 76 (*Klang*); s.o. Fn. 76 (*Watson*).

[92] Europäisches System zur Übermittlung von Stellangeboten und Stellenbewerbungen im internationalen Ausgleich, VO 1612/68 Art. 13 ff.

[93] VO 1612/68 Art. 15 I lit. a).

[94] VO 1612/68 Art. 15 I lit. b).

Arbeitsgesuche unter den zu diesem Zweck errichteten Besonderen Dienststellen[95] in den jeweiligen Mitgliedstaaten verbreitet. Als Hilfsmittel dafür steht ihnen das Verzeichnis[96] der Berufstätigkeiten und Berufe im internationalen Ausgleich - eine Art Glossar[97] - zur Verfügung. Jedes in Betracht kommende Angebot wird den zuständigen Arbeitsverwaltungen des Mitgliedstaates mitgeteilt, der verfügbare Arbeitskräfte im gleichen Beruf gemeldet hat[98]. Diese leitet den Verwaltungen des ersten Mitgliedstaats die genau umschriebene und geeignete Bewerbung zu[99]. Diese aus dem anderen Mitgliedstaat kommende Bewerbung genießt während 18 Tagen nach Eingang des Angebots bei den Verwaltungen des zweiten Mitgliedstaats den gleichen Vorrang wie diejenigen Bewerbungen einheimischer Arbeitnehmer gegenüber Bewerbungen aus einem Drittland[100]. Während dieses Zeitraums werden diese Stellenangebote nur dann an Drittstaaten gerichtet, wenn der Mitgliedstaat, von dem das Angebot ausgeht, der Auffassung ist, daß die in dem entsprechenden Beruf verfügbaren Arbeitskräfte, die Staatsangehörige der Mitgliedstaaten sind, nicht ausreichen. Ausnahmen vom Vorrang der Gemeinschaftsbürger werden nur unter bestimmten Voraussetzungen[101] zugelassen, hauptsächlich aus Gründen der betrieblichen Wirksamkeit (z.B. besonderer Qualifikationen, früherer Arbeitsverhältnisse, familiärer Verbindungen etc.).

Zusätzlich zu den Angeboten und Bewerbungen übermitteln die Besonderen Dienststellen sowohl unter sich als auch dem Europäischen Koordinierungsbüro[102] Informationen über die Lebens- und Arbeitsbedingungen sowie über die Arbeitsmarktlage, die geeignet sind, den Arbeitnehmern in den anderen Mitgliedstaaten als Orientierungshilfe zu dienen. Diese Informationen sollten nicht nur regelmäßig[103] auf den neuesten Stand gebracht, sondern auch in weitem Umfang an die zuständigen Arbeitsämter und durch Einsatz aller Kommunikationsmittel verbreitet werden, die sich zur Unterrichtung der interessierten Arbeitnehmer eignen[104].

---

[95] VO 1612/68 Art. 13 II.

[96] *EG-Kommission*, Verzeichnis der Berufstätigkeiten und Berufe im internationalen Ausgleich, jetzt in sieben Gemeinschaftssprachen erschienen.

[97] Vgl. *Silletti*, S. 11.

[98] VO 1612/68 Art 16 I.

[99] VO 1612/68 Art. 16 II.

[100] S.o. Fn. 99, a.a.O.

[101] VO 1612/68 Art. 16 III.

[102] V0 1612/68 Art. 14 III.

[103] Was in Wirklichkeit nicht geschieht; s.o. Fn. A/78, S. 30.

[104] S.o. Fn. 102, a.a.O.

Obwohl die Rechtsgrundlage des SEDOC-Systems aus dem Jahr 1968[105] stammt und die Kommission 1972[106] die Entscheidung[107] dazu verabschiedete, ging es erst 1980 richtig in Betrieb. Die Jahre dazwischen dienten als Vorbereitungsphase, wobei zunächst das Verzeichnis[108] der Berufstätigkeiten und Berufe im internationalen Ausgleich zusammengefaßt[109], ein kodiertes Gemeinschaftsschema, das den Informationsaustausch zwischen den Besonderen Dienststellen der Mitgliedstaaten über die Lebens- und Arbeitsbedingungen in den einzelnen Staaten intensivieren soll, genehmigt[110] und Austauschprogramme unter ausgewählten verantwortlichen Arbeitsverwaltungsbeamten durchgeführt wurden[111]. 1986 wurde das System auf Griechenland ausgedehnt[112]; der Anschluß von Spanien und Portugal wurde angekündigt[113].

Der Arbeitsablauf wurde in einer Zeit konzipiert, bevor Fax oder Daten(fern-)verarbeitung zur alltäglichen Praxis gehörten. Infolgedessen laufen die Übermittlungen (Stellenangebote und Arbeitsgesuche) plangemäß einmal im Monat (Anfang des Monats) per Fernschreiben. Diese Informationen werden zweimal, jeweils im Abstand von zehn Tagen, auf den neuesten Stand gebracht[114]. Dieses bedeutet sicher eine längere Bearbeitungszeit, die sowohl für den Arbeitsuchenden als auch für den suchenden Arbeitgeber als unzufriedenstellend bezeichnet werden kann. Die Praxis zeigt aber, daß die SEDOC-Beamten innerhalb der jeweiligen Mitgliedstaaten bereit sind, sich informell miteinander in Verbindung zu setzen[115], was auf der einen Seite eine sehr lobenswerte Einstellung zeigt, aber auf der anderen Seite als Zeichen dafür dient, daß das ursprünglich konzipierte System veraltet ist.

---

[105] VO 1612/68, Präambel, Art. 13 II, 15-17.

[106] *EG-Kommission*, 6. Gesamtbericht, Tz. 206.

[107] Dok. KOM (72) 1485 vom 8.12.1972.

[108] S.o. Fn. 96.

[109] *EG-Kommission*, 5. Gesamtbereicht, Tz. 235.

[110] *EG-Kommission*, 6. Gesamtbericht, Tz. 206.

[111] Vgl. *EG-Kommission*, Gesamtberichte: Nr. 7, Tz. 225 (italienische/deutsche); Nr. 9, Tz. 212 (plus belgische); Nr. 10, Tz. 258; Nr. 11, Tz. 241; Nr. 12, Tz. 206; Nr. 13, Tz. 211 (plus Frankreich und das Vereinigte Königreich); Nr. 14, Tz. 242; Nr. 15, Tz. 267 (plus Griechenland); Nr. 16, Tz. 291 („für 7 Mitgliedstaaten"); Nr. 17, Tz. 303; Nr. 18, Tz. 281; Nr. 19, Tz. 412; Nr. 20, Tz. 463.

[112] *EG-Kommission*, 20. Gesamtbericht, Tz. 463.

[113] InforMISEP No. 23/1988, S. 18 f.

[114] S.o. Fn. 97, a.a.O.

[115] S.o. Fn. 97, a.a.O.

Es ist kein Geheimnis, daß innerhalb der Kommission[116] ein Nachdenken zum Thema SEDOC begonnen hat[117] und Untersuchungen sowohl über die Effektivität als auch über zukünftige Verbesserungen[118] durchgeführt worden sind, obwohl es an sich die Aufgabe der *einzelstaatlichen* Arbeitsverwaltungen[119] ist, die notwendigen Voraussetzungen für ein reibungsloses Funktionieren des SEDOC-Systems zu schaffen[120]. Vielleicht liegt darin eine gewisse Schwäche, denn die Durchführung ist von innerstaatlichen Bedingungen geprägt, sowohl vom Arbeitsvermittlungssystem als solchem als auch von nationalen Prioritäten, also finanziellen Mitteln.

Das Verzeichnis spiegelt seine Geburtszeit insofern wider, als sich viele neue Berufe – besonders im Technologiebereich – erst in der Zwischenzeit entwickelt haben und diese überhaupt nicht vom Verzeichnis erfaßt werden[121]. Außerdem sollte der Informationsstrom bezüglich der Arbeits- und Lebensbedingungen regelmäßig auf dem neuesten Stand verbreitet werden — sonst hätte dies keinen Zweck[122].

Die technischen und die informatorischen Mittel werden auf den neuesten Stand gebracht. Ob es gelingt, die technischen Mittel auf Gemeinschaftsebene einheitlich und gleichzeitig wirksam zu machen, muß abgewartet werden (Problem der Kompatibilität der Systeme innerhalb der Gemeinschaft[123]). Schließlich werden die verantwortlichen Beamten in allen Mitgliedstaaten –

[116] Nicht nur innerhalb der Kommission; zu deutschen Vorschlägen bezüglich Datenverarbeitung und erhöhter Effizienz des Systems vgl. InforMISEP No. 18 June 1987, S. 18. Vgl. *EG-Kommission*, 21. Bericht über die soziale Lage, Rdnr. 22. Zur Lage insgesamt s.o. Fn. 97.

[117] Vgl. Entschließung des Rates ABl. C 16/8.7.1980, S. 3, Punkt 3.

[118] U.a. Auskünfte durch Schriftverkehr mit der zuständigen Dienststellen der Kommission. S.o. Fn. 116 (InforMISEP), a.a.O.; s.o. Fn. 97, S. 11-13; s.o. Fn. A/78, S. 11, 30 ff.

[119] Vgl. Liste des résponsable SEDOC Octobre 1987, N. 32.

[120] *EG-Kommission*, 14. Bericht über die soziale Lage, Tz. 26; vgl. auch Entschließung des Rates, ABl. C 168/8.7.1980, S. 1-4; Bulletin der EG 6/1980, Nr. 2.1.42 über die Leitlinien für eine Arbeitsmarktpolitik der Gemeinschaft.

[121] S.o. Fn. 103, a.a.O.

[122] Dazu s.o. Fn. 103.

[123] S.o. Fn. 116 (InforMISEP), a.a.O. Die Bunderepublik war z.B. an einem Verbesserungsversuch mit Frankreich beteiligt, der abgebrochen werden mußte, da die beiden in den jeweiligen Ländern bestehenden EDV-Systeme nicht kompatibel waren (Schriftverkehr mit der ZAV/SEDOC-Abteilung).

einschließlich Griechenlands, Spaniens und Portugals – ausführlich mit dem SEDOC-System vertraut gemacht[124].

Ohne eine Bewertung der zukünftige Leistung eines modernisierten SEDOC-Systems heute schon zu versuchen, scheint es sinnvoll, auf einige von einer möglichen Modernisierung unabhängigen Merkmale des SEDOC-Systems hinzuweisen, die nach wie vor eine große Rolle sowohl bei der Arbeitsvermittlung über SEDOC als auch bei der Verwirklichung der Freizügigkeit der Arbeitnehmer spielen. Auch wenn durch das SEDOC-System ein Ausgleich zwischen Stellenangeboten und Arbeitsgesuchen angestrebt wird, läßt sich doch feststellen, daß dieser Ausgleich auf Gemeinschaftsebene nur in Frage kommt, wenn die betreuende Arbeitsverwaltung die Ansicht vertritt, daß die Stellenangebote nicht durch die Arbeitskräfte des inländischen Arbeitsmarktes befriedigt werden konnten oder voraussichtlich nicht befriedigt werden können; m.a.W. es wird ein Auswahlprozeß in den nationalen Ämtern durchgeführt, und erst danach wendet man sich an das SEDOC.

Dies bedeutet keine echte Inländerbehandlung für den im Ausland ansässigen Gemeinschaftsarbeitnehmer, sondern eine Art zweiter Versuch – man kann sogar Versuch zweiter Wahl sagen –, und zwar in bezug auf Stellen, die schwer von Einheimischen zu besetzen sind, sei es aus Gründen der nicht vorhandenen erfahrenen bzw. ausgebildeten Arbeitnehmer[125], sei es aus Gründen der Unattraktivität des Angebotes für die Einheimischen[126] wegen der Arbeit selbst[127], der Gehälter[128] bzw. der Löhne, der Bedingungen, der Arbeitsumwelt[129] usw. Der Gemeinschaftsarbeitnehmer genießt in einem anderen Mitgliedstaat, sei es als neuer oder als wechselnder Arbeitsuchender, den gleichen Anspruch dem jeweiligen Arbeitsamt gegenüber wie der Einheimische. Wenn im Zusammenhang mit dem SEDOC-System von der Priorität der Gemeinschaft beim Zugang zur Beschäftigung die Rede ist[130], wäre es vielleicht sinnvoller, von einer *abgestuften* Priorität zu sprechen.

---

[124] S.o. Fn. 97, S. 12.

[125] Heißt es dann „Brain-Drain"?

[126] Mit der Folge einer „Unter-Klasse" von ausländischen Arbeitnehmern?

[127] S.o. Fn. A/62, a.a.O. (Gelegenheit für die Einheimischen, in besser bezahlte und weniger anstrengende Stellen überzuwechseln); *EG-Kommission*, 12. Bericht über die soziale Lage, 1978, Tz. 53 (Arbeit als „unannehmbar gesehen").

[128] Schlecht bezahlt – auch wenn tarifvertragsgemäß.

[129] Z.B. in manchen Dienstleistungsbranchen (Gaststättenwesen).

[130] S.o. Fn. 124, a.a.O.

Darüber hinaus bestehen enorme Unterschiede zwischen den Mitgliedstaaten im Bereich der Arbeitsvermittlungen[131]. SEDOC (durch die Besonderen Dienststellen) gehört zum öffentlichen Dienst; es besteht aber kein gemeinschaftliches einheitliches öffentliches Arbeitsverwaltungssystem[132]. In manchen Ländern[133] sind nur öffentliche Vermittlungen zugelassen, aber in anderen Ländern[134] funktionieren öffentliche und gewerbliche Vermittlungen nebeneinander. Sogar in jenen Ländern, wo die Arbeitsvermittlung gesetzlich[135] zum öffentlichen Bereich gehört[136], sind des öfteren Ausnahmen[137] vorgesehen, von den vielen informellen Verfahren zu schweigen, die einen Einfluß auf diesen Bereich ausüben[138]. Es ist darauf hinzuweisen, daß keine einheitliche gesetzliche Verpflichtung besteht, die die suchenden Arbeitgeber verpflichtet, ihre offenen Arbeitsplätze einer öffentlichen Arbeitsvermittlungsverwaltung zu melden[139]. Sogar innerhalb eines öffentlichen Systems können Unterschiede bestehen[140].

Es läßt sich feststellen, daß die öffentlichen Arbeitsverwaltungen keine einheitliche Rolle spielen und in keinem Falle eine überwiegende Deckung des Arbeitsplatzbedarfs erreichen. Weder die Arbeitsuchenden noch die Stellenangebote werden an alle möglichen Interessenten weitergeleitet, sondern nur an diejenigen, die am öffentlichen System partizipieren. Abgesehen von

---

[131] Zur historischen Entwicklung der Arbeitsverwaltung – seit den Depressionszeiten und ihren damaligen Aufgaben, den „Massen" gegenüber – s.o. Fn. A/76, S. 164; ebd. zum Marktanteil der öffentlichen Arbeitsverwaltungen an den Gesamtvermittlungen in den jeweiligen Ländern.

[132] Vgl. Handelsblatt vom 25.10.1989, S. 18 zu einer Studie der IHK Koblenz.

[133] S.o. Fn. 132 (in Spanien und Griechenland).

[134] S.o. Fn. 132 (in Italien, Irland, Portugal, Frankreich und im Vereinigten Königreich).

[135] Z.B. in der Bundesrepublik, AFG § 4.

[136] Vgl. dazu *Vogt*.

[137] Z.B. in der Bundesrepublik, AFG §§ 18 S. 2, 23 I; auch in Dänemark, Belgien, Luxemburg und in den Niederlanden.

[138] S.o. Fn. 136; s.o. Fn. A/76, S. 166; s.o. Fn. 116 (InforMISEP), S. 16 bezüglich der Bundesrepublik: „... labour offices ... from viewpoint of the firm, only one of many means of recruiting ...". Außerdem: „Even ... Germany, vacant places are primarily filled by the private initiative of job seekers, by personal contacts and through newspapers and advertisements"; ZAV/SEDOC, Bericht 9/1988, vermittelt durch Schriftverkehr.

[139] *OECD*, Public, S. 12 ff.

[140] Z.B. werden im Vereinigten Königreich „Management"-Stellen (auch) von den Arbeitsämtern gegen Bezahlung vermittelt.

allen technischen und informatorischen Fortschritten, die erreicht werden mögen, werden diese (oben erwähnten) Tatsachen auch in Zukunft einen Einfluß auf die Effektivität des SEDOC-Systems und einen negativen Beitrag zur Freizügigkeit der Arbeitnehmer innerhalb der Gemeinschaft ausüben.

Die Ergebnisse des SEDOC sind als bescheiden[141] bezeichnet worden. Wenngleich zugegeben ist, daß es gegenwärtig weder leistungsfähig noch bedarfsgerecht ist[142], besteht offensichtlich – gezeigt durch die Modernisierungsmaßnahmen[143], die geplant und unternommen werden – noch die Erwartung, daß das System doch leistungsfähig[144] und bedarfsgerecht gestalten werden kann. Dieser Erwartung wird nicht allgemein geteilt[145]; angesichts der oben erwähnten angeborenen Schwächen im SEDOC-System bzw. des gemeinschaftlichen (öffentlichen/gewerblichen) Arbeitsvermittlungssystems scheint es umso schwieriger, das SEDOC-Konzept als ein sehr wesentliches Instrument bzw. als tragende Säule der Freizügigkeit der Arbeitnehmer innerhalb der Gemeinschaft zu bezeichnen.

2. EG-Beamtenaustausch

Um eine bessere Zusammenarbeit zwischen Beamten und Bediensteten der Arbeitsverwaltungen zu fördern, werden Austauschaufenthalte von ein- bis dreimonatiger Dauer zwischen verschiedenen Mitgliedstaaten durchgeführt[146]. Diese Gelegenheit ist sicher für die einzelnen Beamten von Vorteil, obwohl der eingeplante Zeitraum ziemlich bescheiden ist. Die Beamten

[141] S.o. Fn. A/60 (*Brewster*), S. 88. Bezüglich der Bundesrepublik s.o. Fn. 116 (InforMISEP), a.a.O.: „... Germany ... Experience so far ... exchanges within SEDOC are, overall, still at a rather low level ... various reasons for this". Es wurde auch berichtet, daß allgemein gesehen die ZAV/SEDOC-Abteilung mehr Angebote nach außen übermittelt als umgekehrt; z.B. hat die Abteilung 1987 180 deutsche Angebote übermittelt, während sie zur gleichen Zeit nur 20 Angebote bekommen hat (Schriftverkehr mit der ZAV/SEDOC-Abteilung). Zur Bewertung – und den damit verbundenen Schwierigkeiten – des öffentlichen Arbeitsvermittlungssystems im allgemein s.o. Fn. 139, S. 25.

[142] S.o. Fn. 103, a.a.O.; Fn. A/78 (*EG-Kommission*), S. 30.

[143] S.o. Fn. A/76, S. 172.

[144] S.o. Fn. A/78, S. 21.

[145] S.o. Fn. 141 (*Brewster*), a.a.O.

[146] Vgl. u.a. Bulletin der EG 3/1983, Nr. 2.1.51; 3/1984, Nr. 2.1.64; *EG-Kommission*, 12. Gesamtbericht, Tz. 203; *dies.*, 17. Gesamtbericht, Tz. 304; *dies.*, 18. Gesamtbericht, Tz. 281.

lernen nicht nur Kollegen im jeweiligen Mitgliedstaat kennen, sondern bekommen unmittelbar einen Einblick in die tatsächlichen Lebens- und Arbeitsbedingungen im anderen Land und kommen demzufolge in die Lage, ihre auswanderungswilligen Mandanten besser zu beraten.

3. Austausch junger Arbeitnehmer

Zwischen 1964 und 1984 wurden drei gemeinsame Austauschprogramme junger Arbeitnehmer[147] durchgeführt[148], während das vierte Programm[149] z.Zt läuft. Austauschprogramme gehören seit langem zu den Bereichen die durch bilaterale Abkommen zustande gekommen sind[150]. Das neueste Programm zielt auf Jugendgruppen zwischen 15 und 25 Jahren und sieht einen Austausch von mindestens einer Woche vor. Früher waren die Teilnehmer im Alter von 18-28 Jahren, und es wurde ein Austausch zwischen drei Wochen und sechzehn Monaten vorgesehen.

Diejenigen Regionen, die (gewöhnlich) wenig Austauschmöglichkeiten genießen, werden ausdrücklich gefördert, ebenso Regionen, die es besonders schwer haben, an solchen Austauschprogrammen teilzunehmen. Es soll auch die Teilnahme von solchen Jugendlichen gefördert werden, für die es am schwierigsten ist, an den zwischen den Mitgliedstaaten bereits bestehenden Austauschprogrammen teilzunehmen; z.B. sollen Jugendliche mit unterschiedlichem sozialem, wirtschaftlichem und kulturellem Hintergrund zusammengebracht und Jugendliche aus benachteiligtem Milieu einbezogen werden.

4. COMETT

Dieses grenzüberschreitende, jetzt verlängerte[151] Programm, das erst 1986[152] ins Leben gerufen wurde und 1987 in Kraft trat, ist als Ergänzung

---

[147] EWG-V Art. 50.

[148] Die Gemeinsamen Programme zur Förderung des Austauschs junger Arbeitskräfte innerhalb der Gemeinschaft; ABl. 78/22.05.1964, S. 1226; ABl L 185/ 21.07. 1979, S. 24; ABl L 331/19.12.1984, S. 36.

[149] ABl. L 158/25.6.1988, S. 42.

[150] S.o. Fn. A/22.

[151] ABl. L 13/17.1.1989, S. 28-35.

[152] ABl. L 222/8.8.1986, S. 17.

zu anderen Gemeinschaftsprogrammen[153], die als Ziel die Entwicklung hochqualifizierter Arbeitskräfte haben, bezeichnet worden[154]. Als Ziel hat das Programm u.a. eine europäische Dimension der Zusammenarbeit zwischen Hochschulen und Wirtschaft im Bereich der Ausbildung, die sich auf die Innovation sowie die Entwicklung und Anwendung der neuen Technologien bezieht[155].

Die Zweite Phase[156] für einen weiteren Zeitraum von fünf Jahren ist vor kurzem beschlossen worden. Die Aus- und Weiterbildung auf dem Gebiet der Technologie, insbesondere der fortgeschrittenen Technologie, ist besonders zu unterstützen, um dadurch die Entwicklung eines hochqualifizierten Arbeitskräftepotentials und damit die Wettbewerbsfähigkeit der europäischen Industrie zu verbessern.

Die Zusammenarbeit, die zwischen Hochschulen und Wirtschaft auf dem Gebiet der Ausbildung bereits im Rahmen des ersten COMETT-Programms entwickelt wurde, wird innerhalb der Mitgliedstaaten besonders auf lokaler und regionaler Ebene gestärkt und durch Maßnahmen der Gemeinschaft unterstützt werden. In diesem Zusammenhang ist es wichtig, Ausbildungsaktivitäten zu unterstützen, die eine europäische Dimension aufweisen, um eine ausgewogene Entwicklung in der gesamten Gemeinschaft sicherzustel-

---

[153] Vgl. STICHWORT EUROPA, April 1988/Nr. 7/88 – For young people: COMETT, ERASMUS, YES FOR EUROPE. Nicht behandelt hier werden (a) PETRA – vgl. Ausschreibung zur technischen Unterstützung bei der Durchführung eines Aktionsprogramms für die Berufsbildung Jugendlicher und zur Vorbereitung der Jugendlichen auf das Erwachsenen- und Erwerbsleben – ABl. C 67/12.3.1988 und ABl. L 346/10.12.1987; (b) YES – „Jugend für Europa" – Ratsbeschluß 88/348 über ein Aktionsprogramm zur Förderung der Jugendaustauschs in der Gemeinschaft – ABl. L 158/25.6.1988, S. 44-47; (c) DELTA (ABl. L 204/30.7.1988, S. 20); (d) EUROTECNET.

[154] Vgl. *EG-Kommission*, Coopers & Lybrand; *dies.*, Soziales Europa, Beiheft 4/89.

[155] Weitere Ziele sind: die Begünstigung der gemeinsamen Entwicklung von Ausbildungsprogrammen und des Erfahrungsaustauschs sowie einer optimalen Nutzung der Ressourcen im Bildungsbereich auf Gemeinschaftsebene; die Verbesserung des Ausbildungsangebots auf lokaler, regionaler und nationaler Ebene unter Mitwirkung der betroffenen Stellen im Sinne eines Beitrags zu einer ausgewogenen Wirtschaftsentwicklung in der Gemeinschaft; sowie die Entwicklung des Ausbildungsniveaus im Anschluß an die technologischen und gesellschaftlichen Veränderungen durch Feststellung der sich daraus ergebenden Prioritäten im bestehenden Ausbildungsangebot, die ergänzende Maßnahmen in den Mitgliedstaaten und auf Gemeinschaftsebene erfordern, und zwar unter Förderung der Chancengleichheit von Mann und Frau.

[156] S.o. Fn. 151; vgl. *Classen*.

len. Soweit wie möglich sollen die in den Mitgliedstaaten bereits bestehenden Einrichtungen herangezogen werden.

Die COMETT-II-Maßnahmen richten sich an die in der Ausbildung stehenden Personen einschließlich derjenigen, die ihre Erstausbildung abgeschlossen haben, sowie an bereits Berufstätige, einschließlich der Sozialpartner und der betroffenen Ausbilder.

5. ERASMUS

Das ERASMUS-Programm[157] – das gemeinschaftliche Aktionsprogramm zur Förderung der Mobilität von Hochschulstudenten – stammt aus dem Jahr 1987. Dank dieses Programms sollen u.a. Hochschulstudenten Gelegenheit haben, durch einen integrierten Studienaufenthalt in einem anderen Mitgliedstaat das wirtschaftliche und gesellschaftliche Leben des jeweiligen Landes kennenzulernen und dabei der Gemeinschaft einen in dieser Hinsicht erfahrenen Bestand an Arbeitskräften zur Verfügung zu stellen, denn schließlich wären umzugsbereite Arbeitskräfte zu erwarten, die während ihres ERASMUS-Aufenthalts das Leben, die Sprache und die Eigenschaften des besuchten Land kennengelernt hätten. Daß Interesse an Teilnahme besteht, läßt sich nicht bezweifeln[158].

Außerdem ist ab dem akademischen Jahr 1989/90 ein europäisches System zur Anrechnung von Studienleistungen (ECTS)[159] als 6-jähriger Versuch eingeplant; fünf Fächer werden ins System einbezogen[160], und das Ganze soll unter dem Motto „gegenseitigen Vertrauens" laufen. Eine zweite Phase[161] des ERASMUS-Programms ist verabschiedet worden[162], die den ursprünglichen Beschluß[163] dem ergangenen EuGH-Urteil[164] anpaßt. Das

---

[157] ABl. L 166/25.6.1987, S. 20-24. S.o. Fn. 154 (Soziales Europa); Rs. 242/87.

[158] S.o. Fn. 154 (Soziales Europa). Vgl. zur Beteiligung der Bundesrepublik am ERASMUS-Programm – SA Nr. 1971/87, ABl. C 303/28.11.1988, S. 16; zu Irland SA Nr. 2034/87, ABl. C 303/28.11.1988; SA Nr. 1963/88, ABl. C 255/9.10.1989, S. 17.

[159] ABl. L 166/25.6.1987, Aktion 3.1; Nr. 20 ff. des ERASMUS-Jahresberichts 1988; s.o. Fn. 154 (Soziales Europa).

[160] KOM (89) 119 endg., S. 2 (Medizin, Chemie, Geschichte, Betriebswirtschaft und Maschinenbau).

[161] Vgl. ABl. C 150/17.6.1989, S. 10.

[162] Beschluß 89/663, ABl. L 395/30.12.1989, S. 23.

[163] S.o. dazu Fn. 156.

Programm hat zwei Zielgruppen: Hochschulstudenten und Lehrpersonal. Es soll dazu beitragen, einer wesentlich größeren Zahl von Hochschulstudentenen einen integrierten Studienaufenthalt in einem anderen Mitgliedstaat zu ermöglichen. Demzufolge soll es der Gemeinschaft erlauben, zukünftig auf einen ausreichenden Bestand an Arbeitskräften zurückzugreifen, die das wirtschaftliche und gesellschaftliche Leben anderer Mitgliedstaaten unmittelbar kennengelernt haben und die aus ihrer eigenen Erfahrung zu einer intensiveren Zusammenarbeit auf Gemeinschaftsebene im wirtschaftlichen und sozialen Bereich beizutragen vermögen. Dem Lehrpersonal sollte ebenfalls Mobilität ermöglicht werden, damit die Qualität der Ausbildung an den Hochschulen verbessert werden kann, und um die Wettbewerbsfähigkeit der Gemeinschaft auf dem Weltmarkt zu sichern. Eine breite und intensive Zusammenarbeit zwischen Hochschulen in allen Mitgliedstaaten soll gefördert werden.

6. LINGUA

Das LINGUA-Programm[165] ist ein Aktionsprogramm zur Förderung der Fremdsprachenkenntnisse, das 1989 beschlossen wurde und das ab Januar 1990 über einen Zeitraum von fünf Jahren durchzuführen ist[166]. Fremdsprachenkenntnisse ermöglichen die erleichterte Inanspruchnahme von Freizügigkeitsrechten. Das LINGUA-Programm trägt dazu bei, indem es das Erlernen von Fremdsprachen in den Schulen unterstützt, wie auch die Fortbildung von Fremdsprachenlehrern, den Sprachunterricht an den Hochschulen, der Ausbau des Fremdsprachenunterrichts als Bestandteil der Berufsausbildung und die Förderung des Austauschs von Auszubildenden innerhalb der EG. In jedem Mitgliedstaat wird hierzu eine Koordinationsstelle eingerichtet, wo die Anträge (auf Mittel und Zuschüsse) bearbeitet werden.

7. Gegenseitige Anerkennung der Diplome

Der EWG-V[167] sieht den Erlaß von Richtlinien zur gegenseitigen Anerkennung von Diplomen, Zeugnissen und sonstigen Befähigungsnachweisen

---

[164] Vgl. Präambel zum Beschluß 89/663, ABl. L 395/30.12.1989, S. 23; Rs. 242/87, Urteil vom 30.5.1989, noch unveröffentlicht. Dazu NJW 1989, S. 3090 ff.

[165] Beschluß 89/489, ABl. L 239/16.8.1989, S. 24; s.o. Fn. 156 (*Classen*).

[166] Art. 1.

[167] Art. 57.

vor. Die allgemeine Richtlinie[168] über die gegenseitige Anerkennung der Diplome ist ein Versuch, generelle Fortschritte zu erreichen, denn es konnten bis jetzt in diesem Bereich nur sehr mühsam Fortschritte bei sektoral beschränktem Vorgehen erzielt werden[169].

Diese allgemeine Richtlinie betrifft keinen bestimmten Sektor und wird durch das Leitmotiv des gegenseitigen Vertrauens unter den Mitgliedstaaten getragen. Die Richtlinie gilt für alle Angehörigen eines Mitgliedstaats, die als Selbständige oder abhängig Beschäftigte einen „reglementierten Beruf" in einem anderen Mitgliedstaat ausüben wollen, gilt aber nicht für die (wenigen) Berufe, die Gegenstand einer Einzelrichtlinie sind, mit der in den Mitgliedstaaten eine gegenseitige Anerkennung der Diplome eingeführt wird.

Voraussetzung für die Anerkennung der Diplome ist – erstens – der erfolgreiche Abschluß eines mindestens dreijährigen Studiums oder eines dieser Dauer entsprechenden Teilzeitstudiums an einer Universität oder einer Hochschule oder einer anderen Ausbildungseinrichtung mit gleichwertigem Niveau, und gegebenfalls das Absolvieren einer über das Studium hinaus erforderlichen beruflichen Ausbildung, wenn diese überwiegend in der Gemeinschaft erworben wurde; oder – zweitens – alternativ eine dreijährige Berufserfahrung, die von dem Mitgliedstaat bescheinigt wird, der ein Diplom, ein Prüfungszeugnis oder einen sonstigen Befähigungsnachweis eines Drittlandes anerkannt hat; oder – drittens – die Mitgliedschaft in einem Verband oder einer Organisation, deren Ziel insbesondere die Förderung und Wahrung eines hohen Niveaus im betreffenden Beruf ist und die als zur Verwirklichung dieses Ziels geeignet von einem Mitgliedstaat in besonderer Form anerkannt wird. Derartige Verbände und Organisationen dürfen ihren Mitgliedern ein Diplom ausstellen, wenn sie dafür Sorge tragen, daß die Mitglieder die festgelegten Regeln für das berufliche Verhalten beachten. Sie dürfen ihren Mitgliedern ferner das Recht verleihen, einen Titel zu führen bzw. die dafür bestimmten Kennbuchstaben zu verwenden oder einen diesem Diplom entsprechenden Status in Anspruch zu nehmen. Die Richtlinie enthält ein nicht erschöpfendes Verzeichnis der von diesen Bestimmungen betroffenen Verbände und Organisationen; betroffen sind hauptsächlich Verbände und Organisationen in Irland und im Vereinigten Königreich.

---

[168] RL 89/48, ABl. L 19/24.1.1989, S. 16 – eine allgemeine Regelung zur Anerkennung der Hochschuldiplome, die eine mindestens dreijährige Berufsausbildung abschließen. Vgl. dazu *Wägenbauer*, S. 91-109.

[169] Zu einer Auflistung der Einzelrichtlinien vgl. *EG/Séché*, Berufsausübung, S. 27; zur Auflistung der Diplome, Prüfungszeugnisse und sonstigen Befähigungsnachweise s.o. Fn. A/78, S. 80 ff.

Noch ist festzulegen, welche Merkmale für die Berufserfahrung oder den Anpassungslehrgang gelten sollen, die der Aufnahmestaat neben dem Hochschuldiplom vom Betreffenden fordern kann, wenn dessen Qualifikationen nicht den von seinen innerstaatlichen Bestimmungen vorgeschriebenen Voraussetzungen entsprechen. Es kann auch die Ablegung einer Eignungsprüfung zur Verkürzung der Dauer der Anpassungszeit gewählt werden. Diese Wahl (Eignungsprüfung oder Anpassungslehrgang) bleibt beim Zuwanderer, außer bei Berufen, die besondere Kenntnisse des Rechtssystems des Aufnahmelandes verlangen. Hier ist es dem Mitgliedstaat gestattet, unter bestimmten Bedingungen zwingend einen Lehrgang oder eine Prüfung vorzuschreiben.

8. Europäischer Sozialfonds

Der Europäische Sozialfonds (ESF)[170] hat im Laufe der Jahre mehrere Wandlungen erfahren. Dabei wurde immer der Zweck verfolgt, eine höhere Wirksamkeit zu erzielen und zur Lösung der ständig wachsenden Unterbeschäftigung in der Gemeinschaft beizutragen. Die Schwerpunkte liegen bei der Berufsbildung und der Umschulung von benachteiligten Gruppen (Jugendliche, Langzeitarbeitslose, Frauen, Behinderte). Die durch die EEA neu eingefügten Artikel[171] beabsichtigen unter dem Motto „Wirtschaftlicher und sozialer Zusammenhalt" eine Verstärkerung der Effizienz des Sozialfonds (und der anderen Strukturfonds). Für den Sozialfonds wurden erhöhte Finanzmittel vereinbart, und mit der Verabschiedung der Rahmenverordnung und der Durchführungsverordnungen[172] für die Reform der Strukturfonds ist schließlich das gesamte Regelwerk für diesen Bereich erlassen worden.

9. „Europa der Bürger" bzw. Vollendung des Binnenmarktes

Der Begriff „Europa der Bürger"[173] hat seit den 60er Jahren eine lange Tradition[174], während der Terminus „Binnenmarkt"[175] die öffentliche Auf-

---

[170] EWG-V Art. 123 ff. S.o. Fn. 46.

[171] EWG-V Art. 130a ff.

[172] Bulletin der EG 12/1988; *EG-Kommission*, 22. Gesamtbericht, Tz. 534.

[173] Vgl. Berichte des Ad-hoc-Ausschusses, in: Bulletin der EG, Beilage 7/85.

[174] S.o. Fn. 24, S. 411: „... Levi Sandri (1968) saw in ... principle (Freizügigkeit der Arbeitnhemer) an incipient form – still embryonic and imperfect – of European citizenship ...". S.o. Fn. A/61, S. 187 – „Citoyens du marché" (1963) „Marktbürger" (1966); s.o. Fn. A/4 (*Grabitz*) „Gemeinschaftsbürger" (1970), S. 110 ff. *Tomuschat*,

merksamkeit hauptsächlich durch die EEA[176] seit Mitte der 80er Jahre gewonnen hat. Infolge einer Beschlußfassung des Rates in Fontainebleau[177] wurde ein Ad-hoc-Ausschuß gegründet, der zwei Berichte der Kommission vorgelegt hat, die als Grundlage für das „Europa der Bürger“ dienen[178]. Einige Bereiche, die in den Berichten behandelt wurden, könnten für die Ausübung des Rechts auf Freizügigkeit der Arbeitnehmer[179] von Bedeutung sein, während andere eher für die Gemeinschaftsbürger[180] von Interesse sein könnten[181].

Ein Schritt in Richtung „Europa der Bürger“[182] stellt u.a. der Vorschlag[183] für das Wahlrecht der Staatsangehörigen anderer Mitgliedstaaten

---

Solidarität, S. 736 ff; s.u. Fn. C/34 (1970/71), S. 266 ff.: „... especial interest in ... evolution ... future development of the notion of „Community worker“ and ... social and legal rights attaching to this embryonic status of European citizenship ...“.

[175] Zum sozialen Aspekt des Binnenmarktes s.o. Fn. 13 (Die sozialen Aspekte); s.o. Fn. A/78 (soziale Dimension).

[176] Bulletin der EG, Beilage 2/86.

[177] Mandat des Europäischen Rates von Fontainebleau vom 25./26. Juni 1984, Bulletin der EG, Beilage 7/85, S. 5. Es wurde ein Ad-hoc-Ausschuß (Vorsitzender: *Adoninno*) ersetzt, der als Aufgabe die Vorbereitung und Koordinierung von Maßnahmen hatte, welche den europäischen Bürgern beibringen sollten, sich mehr mit der Gemeinschaft zu identifizieren; dazu *Murphy*, Single I, S. 35.

[178] Bulletin der EG, Beilage 7/85, S. 7, 9.

[179] Bericht 29/30.6.1985 (Brüssel), Bulletin der EG 7/85; insbesondere (Steuerproblematik für Grenzgänger) Rdnr. 17 f.; (gegenseitige Anerkennung der Diplome) Rdnr. 20; (berufliche Befähigungsnachweise) Rdnr. 5.2; (Mailand) Fremdsprachenunterricht, Rdnr. 5.2; (Zusammenarbeit zwischen Universitäten) Rdnr. 5.6; (Berufsbildung) Rdnr. 5.7; (Austauschprogramme für Jugendliche und Berufstätige) Rdnr. 5.8.

[180] Einschließlich derjenigen, die ihr Recht auf Freizügigkeit in Anspruch genommen haben.

[181] S.o. Fn. 179 (Brüssel), Allgemeines Aufenthaltsrecht, Rdnr. 22; Vereinfachung der Personenkontrollen an der Grenzen, Rdnr. 7.1. und 7.2.; ebd. (Mailand) Beteiligung der Bürger am politischen Prozeß in der Gemeinschaft, Rdnr. 2.1. und 2.2. Für die anderen Bereiche vgl. Bulletin der EG 7/85.

[182] Es wird hier nur auf politische Rechte – sprich: Wahlrecht – eingegangen, denn dies ist für die Arbeit von Bedeutung.

[183] Vgl. den geänderten Vorschlag für eine Richtlinie des Rates über das Wahlrecht der Staatsangehörigen der Mitgliedstaaten bei den Kommunalwahlen im Aufenthaltsstaat: ursprünglich in ABl. C 246/20.9.1988, S. 3 (KOM [88] 371 endg. vom 22.6. 1988); ABl. C 290/18.11.1989, S. 4 (KOM [89] 524 endg.); Stellungnahme des Wirt-

bei den Kommunalwahlen im Aufenthaltsstaat dar. Ein einheitliches Wahlsystem bei der Europa-Wahl[184], einschließlich des Wahlrechts für Auswanderer, sei es für einen Wahlkreis im Herkunftsland, sei es für einen Wahlkreis im Aufnahmeland, wäre ein guter Anfang in dieser Richtung[185].

Die Vielfältigkeit der Impulse, die sich aus den Bemühungen zur Vollendung des Binnenmarktes ergeben, sind bereits angedeutet worden[186]. Die allgemeine Auswirkung der EEA könnte einen Schub in Richtung größerer Integration bewirken, einschließlich des Arbeitsmarkts. Dies könnte für die Freizügigkeit allgemein von Bedeutung sein.

---

schafts- und Sozialausschuß dazu, ABl. C 71/20.3.1989, S. 2 ff. Vgl. dazu *Magiera*, Kommunalwahlrecht, S. 475 ff.

[184] Zu Europa-Wahlen vgl. *Europäisches Parlament*, So wählen die EG-Bürger. Zur Bundesrepublik vgl. EuWG vom 16.6.1978, BGBl. I S. 709/30.3.1988 BGBl. I S. 502.

[185] Zum Wahlrecht in Irland s.o. Fn. A/267-292.

[186] S.o. Fn. 12 f.

C. Irland und das Recht der Arbeitnehmer auf Freizügigkeit innerhalb der Gemeinschaft

I. Hintergrund zur Mitgliedschaft

Die Bemühungen von irischer Seite, der Europäischen Wirtschaftsgemeinschaft beizutreten, haben gut zehn Jahre gedauert, bis sie erfolgreich waren. Die Zeit läßt sich in zwei Phasen teilen, in die erste und die zweite Beitrittsphase; hinzu kommt die Frage der Ratifikation der EEA, die eine weitere Überlegung der EWG-Mitgliedschaft ermöglichte[1].

1. Erste Beitrittsphase

Am 31. Juli 1961 gab der damalige Taoiseach die Absicht seiner Regierung bekannt, die volle Mitgliedschaft der Europäischen Wirtschaftsgemeinschaft zu beantragen[2]. Gründe für den Antrag waren nicht nur der Wandel in Irland in bezug auf die industrielle Politik und die Liberalisierung des Handels – wobei allmählich, seit Mitte der 50er Jahre angefangen dem Protektionismus der Rücken gekehrt wurde[3] –, sondern die angekündigte Absicht der britischen Regierung, die Mitgliedschaft der Europäischen Wirtschaftsgemeinschaft zu beantragen[4]. Das Vereinigte Königreich[5] war der wichtigste Handelspartner[6] der kleineren Nachbarinsel[7]. Die irische Regierung wollte dar-

---

[1] Einen Überblick für die Jahre 1948-1961 bietet *Hederman* (s.o. Fn A/2). Zu den Schwierigkeiten bezüglich Zugang zu offiziellen Quellen (Informationen) ebd. S. 2 ff. Eine ausführliche Schilderung der beiden Beitrittsphasen findet sich bei *Maher*, der Mitglied der irischen Beitritts-Verhandlungsmannschaft war. Für eine deutsche Darstellung der ersten Beitrittsphase vgl. *Chr. H. Huber*, insb. S. 43-48.

[2] S.o. Fn. 1 (*Maher*), S. 136. Empfänger dieser Mitteilung war Prof. Dr. Erhard, amtierender Präsident (des Ministerrates).

[3] S.o. Fn A/2 (*Hederman*), S. 66.

[4] S.o. Fn. 1 (*Maher*), S. 123 ff.

[5] Für eine knappe Darstellung zum Verhältnis zwischen Irland und dem Vereinigten Königreich – einschließlich der irischen Unabhängigkeit und der damaligen ökonomischen Lage – vgl. *Kennedy*, in *Spanier*, S. 37 ff.

[6] Vgl. Bulletin der EWG Nr. 4/1963, S. 6; Nr. 6/1967, S. 14 f.

über hinaus die ökonomische Abhängigkeit[8] soweit wie möglich mildern, und Europa schien eine gute Alternative zu sein[9]. Bei der Gründung der Europäischen Gemeinschaft für Kohle und Stahl im Jahre 1951[10] hatte es in Irland mangels einer Teilnahme des Vereinigten Königreichs und auch mangels irischer Interessen in diesen Industrien[11] keine Diskussion darüber in der Öffentlichkeit gegeben. Der erste Beitrittsversuch scheiterte[12] 1963 wegen der Opposition de Gaulles[13] gegenüber einer britischen Mitgliedschaft. Obwohl der Antrag 1967[14] reaktiviert wurde (weil er nie offiziell zurückgenommen worden war[15]), konnten die Verhandlungen über den Beitritt erst 1970 richtig beginnen[16].

Zur Zeit dieser ersten Überlegungen im Hinblick auf eine EWG-Mitgliedschaft wurde den Handelsbeziehungen zum britischen Markt große Aufmerksamkeit[17] gewidmet, aber auch der Landwirtschaft und den befürchteten Folgen der Liberalisierung bezüglich der Industrie und des Handels und der Landwirtschaft im allgemeinen[18]. Immerhin nahmen die Politiker zur Kenntnis, daß es um ein „Paket" ging, einschließlich u.a. der Arbeitnehmerfreizügigkeit (und des Niederlassungsrechts) (wo man keine großen Schwierigkeiten erwartete)[19]. Irland zeigte sich bereit, seine mögliche zukünftige EWG-

---

[7] *MacNiocaill / O'Tuathaigh*, in *Coombes* (Hrsg.), S. 13-32, 22. S.o. Fn. A/2 (*Hederman*), S. 141.

[8] Vgl. *Laffan*, in *Coombes* (Hrsg.), S. 89-109, 91 f. mit Beispielen.

[9] S.o. Fn. A/2 (*Hederman*), S. 65.

[10] BGBl. 1952 II S. 447.

[11] S.o. Fn. A/2 (*Hederman*), S. 36; s.o. Fn. 1 (*Maher*), S. 43.

[12] Vgl. (statt vieler) *Coombes*, S. 1 ff.

[13] *Puissochet*, S. 15 ff.; s.o. Fn. 1 (*Maher*), S. 161 ff.

[14] Bulletin der EWG Nr. 6/1967, S. 14 ff. Für eine deutsche Perspektive dieser Zeit vgl. *Lagoni*, S. 50 f.; s.o. Fn. 1 (*Huber*), S. 48 ff.

[15] Vgl. Bulletin der EWG Nr. 4/1963, S. 6.

[16] Bulletin der EWG Nr. 8/1970, S. 36 ff. Zur Zwischenzeit s.o. Fn. 1 (*Maher*), S. 206 ff; *Ireland, Government of*, Weißbuch 1970, Rdnr. 2 f.; *Lee*, S. 461.

[17] S.o. statt vieler Fn. A/2 (*Hederman*), S. 90 f.

[18] S.o. Fn. 1 (*Maher*), S. 128-131 (zum Weißbuch 1961), S. 153 f. (zum Weißbuch 1962, einschließlich Freizügigkeit).

[19] S.o. Fn. A/2 (*Hederman*), S. 91 (was eigentlich das „Rosinenpicken" verbäte). Leider kann man den zur Verfügung stehenden Unterlagen nicht entnehmen, ob hier Arbeitnehmerfreizügigkeit Ein- oder Auswanderung bedeutet.

Mitgliedschaft wahrzunehmen[20], aber diese Bereitschaft[21] durfte erst 1973 nach dem zweiten, diesmal erfolgreichen Versuch, EWG-Mitglied zu werden, auf die Probe gestellt werden.

2. Zweite Beitrittsphase

Die zweite Beitrittsverhandlungsrunde begann 1970[22] und ging mit der Unterzeichnung des Beitrittsvertrages[23] am 22. Januar 1972 erfolgreich zu Ende[24]. Zu den während der Beitrittsphase diskutierten Hauptthemen[25] zählten überwiegend die positiven ökonomischen Konsequenzen[26] der Mitgliedschaft der EWG – einschließlich des Agrarbereichs[27] – und die negativen ökonomischen Konsequenzen der Nicht-Mitgliedschaft. Die negative Seite der ökonomischen Medaille wurde ebenfalls zum Ausdruck gebracht, wie auch eine allgemeine Opposition zur EWG-Mitgliedschaft bestand[28].

Während dieser Vor-Beitrittsphase wurden die Vorschriften des EWG-Vertrages in bezug auf Freizügigkeit unter die Lupe genommen, sowohl seitens der Regierung[29] als auch durch die Opposition[30] und in der Öffent-

---

[20] S.o. Fn. 2 (*Maher*), a.a.O.: „(My) Government fully share the ideals which inspired the parties to the Treaty and accept the aims of the Community as set out therein, as well as the action proposed to achieve those aims".

[21] Zur negativen Haltung (statt vieler) Fn. A/2 (*Hederman*), S. 148 f.

[22] Genaugenommen: „formally"; vgl. dazu Bulletin der EWG Nr. 8/1970, S. 36 ff; *Ireland, Government of*, Weißbuch 1972, Rdnr. 23. Zur Zwischenzeit s.o. Fn. 16 (*Maher*), a.a.O.

[23] Beschluß des Rates zur Aufname u.a. Irlands in die EWG (und in Euratom), vgl. ABl. L 73/27.3.1972, S. 4; zur EGKS ebd. S. 12. Vertrag über den Beitritt ..., ABl. L 73/27.3.1972, S. 5. Akte über die Beitrittsbedingungen und die Anpassungen der Verträge, ABl. L 73/27.3.1972, S. 14.

[24] Zum Verlauf der Verhandlungsphase vgl. u.a. Bulletin der EWG Nr. 5/1971, Rdnr. 84; Bulletin der EWG Nr. 9-10/1971, Rdnr. 105; Bulletin der EWG Nr. 11/1972, S. 50 ff. (irische Sicht). Beilage 1/1972 zum Bulletin der EWG, S. 15-23 (historischer Rückblick); ebd. S. 56-60 (Schwerpunkte der Vereinbarungen).

[25] Zu den Hauptthemen aus der Sicht der irischen Regierung vgl. (statt vieler) Bulletin der EWG Nr. 8/1970, S. 38 ff., Rdnr. 8 ff.; s.o. Fn. 1 (*Maher*), S. 274 ff.

[26] Vgl. statt vieler *Coakley*, in *Coombes* (Hrsg.), S. 50; s.o. Fn. 16 (*Lee*), S. 464.

[27] S.o. Fn. 16 (*Lee*), S. 463 f.

[28] S.o. Fn. 16 (*Lee*), S. 462; s.o. Fn. 5, S. 52 ff.; s.o. Fn. 26 (*Coakley*), S. 50 f.; s.o. Fn. 1 (*Maher*), S. 348 f.

[29] *Ireland, Government of*, Weißbuch 1970, Chapter 6.

lichkeit[31]. Die Vorteile des Rechts der Arbeitnehmer auf Freizügigkeit für die irischen Arbeitnehmer wurden zur Kenntnis genommen, ohne ihnen besondere Aufmerksamkeit zu widmen[32].

Diese Haltung wurde kritisiert und als „insular" angesehen[33]. Nach den damaligen Erfahrungen blieben die meisten ausländischen Arbeitskräfte nur vorübergehend in Irland; davon betroffen waren solche, die hauptsächlich entweder zum Zweck der Bau- bzw. Einarbeitungsphase eines neuen Betriebs bzw. einer Firma[34] in Irland weilten (sie stellten gleichzeitig Einheimische in diese neuen Firmen ein), oder Dienstleistungserbringer[35]. Man erwartete, daß die Inanspruchnahme dieses Rechtes seitens der irischen Arbeitnehmer von der ökonomischen Lage in Irland abhängig sein würde. In jedem Fall bliebe das Vereinigte Königreich das Hauptziel (für Iren); nur wenige würden das Festland betreten, sowohl aus Tradition als auch wegen der Sprache[36]. Was die Vorschriften über die soziale Sicherheit in bezug auf Wanderarbeitnehmer anbelangt, erwartete man keine besonderen Schwierigkeiten[37]. Schließlich erwartete man eher einen Rückgang sowohl der Arbeitslosigkeit insgesamt als auch der unfreiweilligen Auswanderung als Folge der EWG-Mitgliedschaft[38].

Die Freizügigkeit der Arbeitnehmer[39] blieb aber nicht ohne Kritik und Gegner. Es wurde u.a. behauptet, Freizügigkeit wäre ein Euphemismus für Auswanderung, was 18 Jahre später wieder zum Ausdruck kam[40]; sie hätte

---

[30] Dáil Debates 1971, Vol. 252, Column 232.

[31] Vgl. *Simmonds*, Dublin, S. 266 ff.

[32] S.o. Fn. 29, a.a.O.

[33] „... does not take into account the labour shortage in the EEC countries" (*Cochrane*, S. 340). Zu irischer Auswanderung in dieser Zeit s.u. Anhang Nr. 1.

[34] S.o. Fn. 29, Nr. 6.7.

[35] S.o. Fn. 34, a.a.O.; es ging hier um „hotels, catering, hairdressing and entertainment". S.u. Anhang Nr. 10 zu ausländischen Arbeitskräften in Irland.

[36] S.o. Fn. 29, Nr. 6.8.

[37] S.o. Fn. 29, Nr. 6.10. Es ist nicht ganz klar, ob diese Bemerkung Ein- oder Auswanderer betraf. Angesichts der Sorgen, die geäußert wurden in bezug auf das Niederlassungsrecht (EWG-V Art. 52 ff.) bzw. das Dienstleistungsrecht (EWG-V Art. 59 ff.), und was das „purchase of land, insurance, banking and the purchase and importation of tea" anbelangt, sind wahrscheinlich hier Einwanderer gemeint.

[38] Vgl. *Matthews*, S. 115 ff. *Ireland, Government of*, Weißbuch 1972, CONCLUSIONS, Rdnr. 83, S. 66.

[39] Dáil Debates 1971, Vol. 252, Column 232, 739 ff.

[40] Ein Abgeordneter der Labour-Partei, in: Dáil Debates 1989, Vol. 392, No. 7,

zur Folge eine Auswanderung in Richtung Europa (hauptsächlich nach Frankreich und in die Bundesrepublik, wie dies schon bei anderen ärmen Ländern [z.B. Italien] der Fall gewesen wäre), was sich niemand wünschte[41]. Man konnte sich schwer vorstellen, daß es zu einer Einwanderung ausländischer Arbeitskräfte kommen würde[42] mit Ausnahme der Gründung von neuen Industrien. Immerhin erweckte Freizügigkeit als solche weder große Befürchtungen[43] – im Gegensatz zu einigen Befürchtungen, die im Vereinigten Königreich zum Ausdruck kamen[44] – noch (großes) Interesse, geschweige denn Hoffnungen oder sogar Erwartungen.

Diese Vorschriften und deren Auswirkung auf Irland wurden während der „International Legal Conference on Expansion of the ECs – October 1970" erörtert[45]. Die Tagungsberichte wurden später veröffentlicht[46], aber leider fehlen Beiträge zum Thema Freizügigkeit[47].

Die Gegner einer EWG-Mitgliedschaft hatten es besonders schwer. Abgesehen von denjenigen, die von den Vorteilen einer Mitgliedschaft völlig überzeugt waren, waren andere für den Beitritt, weil es keine Alternative

---

Column 1818: es gäbe dann „keine Auswanderung mehr, weil es europäische Freizügigkeit genannt werde".

[41] Dáil Debates 1971, Vol. 252, Column 695; ebd. 1971, Vol. 254, Column 684 (Labour-Party-Abgeordneter).

[42] Dáil Debates 1971, Vol. 252, Column 732.

[43] S.o. Fn. 1 (*Maher*), S. 349 zu einer behaupteten Befürchtung.

[44] S.o. Fn. A/40, S. 6 ff.: „... To the idlers and spongers of Western Europe Britain might well appear as the country of their dreams ... The multitude of devices of malingering ... are bound to attract the parasitic type of foreign workers ...".

[45] S.o. Fn. 31, a.a.O. Nr. vii: „Dr. Paul O'Higgins ... led the Conference discussions in the working session ... Community policies ... rights of migrant workers ... The free movement of labour in an enlarged Community is obviously a matter of great concern to all of the applicant countries ... especial interest in ... evolution ... future development of the notion of ‚Community worker' and ... social and legal rights attaching to this embryonic status of European citizenship ...".

[46] *Bathhurst* et al.

[47] Im Schriftverkehr mit Herrn Professor Dr. O'Higgins, dem damaligen Diskussionsleiter, hat sich dieser an folgende Äußerung erinnert: da seine Heimat von einem Überfluß an Freizügigkeit gekennzeichnet sei, könne er als Ire Freizügigkeit der Arbeitnehmer nicht unbedingt als gut betrachten. Seine Meinung hätte aber als „schlechter Geschmack" unter den Teilnehmern gegolten, die den Gemeinsamen Markt als durchaus erstrebenswertes Ziel ansahen.

gäbe, falls das Vereinigte Königreich beiträte[48]. Darüber hinaus haben sich beide große Parteien Irlands für den Beitritt heftig eingesetzt[49].

Irland trat der Europäischen Wirtschaftsgemeinschaft zusammen mit dem Vereinigten Königreich und Dänemark am 1. Januar 1973 bei[50]. Dieser Beitritt wurde in einer Volksabstimmung[51] gebilligt. Dies war zugleich die erste vom Volk gebilligte Änderung der Verfassung Irlands[52].

3. EWG-Mitgliedschaft und Verfassung Irlands

a) Allgemeines

Schon 1966 war von Verfassungsänderungen die Rede[53] im Hinblick auf eine Inkompatibilität[54] zwischen der Verfassung[55] Irlands und seiner EWG-Mitgliedschaft. Statt die betroffenen Artikel[56] einzeln zu ändern[57], wurde eine allgemeine Bestimmung zu dem Artikel, der die internationalen Beziehungen regelt, hinzugefügt[58].

---

[48] *Ireland, Government of,* Weißbuch 1972, Rdnr. 8.7., S. 68.

[49] Statt vieler s.o. Fn. 5, S. 60; s.o. Fn. 28, a.a.O.

[50] Akte über Beitrittsbedingungen und Anpassungen der Verträge (ABl. L 73/27.3. 1972, S. 14); gemeinsame Erklärung bezüglich Freizügigkeit, ebd. S. 195.

[51] Third Amendment to the Constitution Act, 1972. Ratifizierung gemäß den jeweiligen verfassungsrechtlichen Vorschriften wird im Beitrittsvertrag (Art. 2) vorgesehen.

[52] Vgl. dazu *Walsh*, Perspectives, S. 27-33, 29.

[53] Vgl. *Lang*, Common, S. 39-75.

[54] Statt vieler s.o. Fn. 46, S. 1. S.o. Fn. A/61, S. 77/Nr. 66.

[55] Irland gehört zum Common-Law-System, hat aber eine schriftliche und „rigide" Verfassung; dazu s.o. Fn. 53, S. 39. Vgl. *Lynch*, in *Bathurst* et al, S. 13 ff.

[56] *Ireland, Government of,* Weißbuch 1970, Rdnr. 1.5. S.u. Anhang Nr. 14 für die in Frage kommenden Artikel der Verfassung Irlands. Für die Begründungen dieser Änderungen (statt vieler) s.o. Fn. 53: vgl. *Lang*, Legal, S. 167-178; *Miller*, S. 6 ff.

[57] Vgl. statt vieler *Lang*, in *Bathurst* et al, S. 21; *Murphy*, in *Coombes* (Hrsg.), S. 29-42, 29-31; *McMahon*, in *Drudy/McAleese* (Hrsg.), S. 57-78, 58 ff.

[58] Bunreacht na hEireann, 1937: Artikel 29, Absatz 4.3; s.u. Anhang Nr. 14.

b) Erste Volksabstimmung

Die EWG-Mitgliedschaft wurde durch eine Volksabstimmung am 10. Mai 1972 gebilligt, mit einer Mehrheit von 83,1% Ja-Stimmen zu 16,9% Nein-Stimmen[59]. Die Wahlbeteiligung lag bei 70%[60]. Der Enthusiasmus – konkret bewiesen durch die Mehrheit bei der Volksabstimmung –, mit dem die irische Bevölkerung in die EWG eintrat, wurde durch den Europa-Enthusiasmus der beiden größeren politischen Parteien unterstützt[61]. Die Gegenstimmen[62] kamen hauptsächlich von den kleineren „linken" Parteien (mit Ausnahme der winzigen Kommunistischen Partei Irlands, die die Mitgliedschaft aus eigenen Gründen begrüßte). Inzwischen – und infolge der Mehrheit bei der Volksabstimmung – ist die Labour-Partei als Mitglied der europäischen sozialistischen Bewegung einer der engagiertesten Befürworter der europäischen Integration[63] geworden.

c) Zweite Volksabstimmung

Die irische Bevölkerung durfte zum zweiten Mal 1987 bei einer Volksabstimmung ihre Meinung zum Thema EWG-Mitgliedschaft äußern. Nachdem der Supreme Court[64] im Hinblick auf die EEA[65]-Bestimmungen über die Europäische Zusammenarbeit in der Außenpolitik[66] eine Volksabstimmung für notwendig[67] hielt – alle anderen EEA-Bestimmungen wurden für verfassungsmäßig gehalten[68] –, wurde eine Volksabstimmung vor der Ratifizierung der EEA[69] und der entsprechenden Änderung[70] der Verfas-

---

[59] *EG-Kommission*, 6. Gesamtbericht, Tz. 8. S.o. Fn. 1 (*Maher*), S. 350.

[60] *Foreign Affairs, Department of:* Bulletin – June/July 1987, Nr. 1038, S. 4.

[61] S.o. Fn. 49, a.a.O.

[62] S.o. Fn. 1 (*Huber*), S. 60 f.; s.o. Fn. 28 (*Maher*), a.a.O.

[63] S.o. Fn. 26 (*Coakley*), S. 50 f., ebd. S. 54.

[64] Crotty v. an Taoiseach and others (1987 IR); ebd. (1987 ILRM 400); vgl. (kritisch) dazu *Lang*, court case, S. 709-718.

[65] Bulletin der EG, Beilage 2/86; ABl. L. 169/29.6.1987, S. 1.

[66] EEA Art. 30 Titel III. Vgl. dazu Crotty v. An Taoiseach (1987 IR S. 782 ff.) Bunreacht na hEireann, 1937 Art. 29 Abs. 4.1 und 2. S.u. Anhang Nr. 5.

[67] Crotty v. An Taoiseach 1987 IR S. 783 ff.

[68] S.o. Fn. 64 (*Lang*), S. 712.

[69] European Communities (Amendment) Bill, 1986; diese Notwendigkeit ist in EEA Art. 33 I vorgesehen: „Ratifizierung ... gemäß verfassungsrechtlichen Vorschriften".

[70] Bunreacht na hÉireann Art. 29 Abs. 4.3 Zweiter Satz; s.u. Anhang Nr. 14.

sung nötig[71]. Mangels großer Meinungsunterschiede zwischen den größeren politischen Parteien bestand die Gefahr einer schlechten Wahlbeteiligung[72]. Die Wahlbeteiligung war denn auch niedrig[73], aber es gab eine klare Mehrheit[74] (der Beteiligten) für die Verfassungsänderung, was ausreichend war[75]. Dementsprechend wurde die Verfassung um eine Bestimmung ergänzt, welche die Ratifizierung der EEA ermöglichte[76].

Die EEA-Gegner waren hauptsächlich mit der Frage der politischen Zusammenarbeit beschäftigt[77], während die Befürworter nicht nur auf die Konsequenzen für die Industrie, den Handel, die Landwirtschaft – die sogenannten „Bread-and-Butter Economic Issues"[78] – und die internationale Bedeutung der EG-Mitgliedschaft Irlands hinwiesen, sondern dem wirtschaftlichen und sozialen Zusammenthalt[79] einschließlich der Umstrukturierung der Strukturfonds[80] besondere Aufmerksamkeit widmeten[81]. Während der

---

[71] Bunreacht na hÉireann Art. 46 Abs. 1: „Any provision of this Constitution may be amended, whether by way of variation, addition, or repeal, in the manner provided by this Article". Abs. 2: „... be submitted by Referendum to the decision of the people ...".

[72] Um dieses zu bekämpfen, veröffentlichte die Regierung einen „An Explanatory Guide" dazu; vgl. *Ireland, Government of*, „The Single European Act: An Explanatory Guide". Ferner „in response to political pressure and public disquiet ..."; dazu *Murphy*, Single II, S. 263.

[73] 44,1%; dazu s.o. Fn. 64 (*Lang*), S. 718. Im Vergleich zur ersten Volksabstimmung (s.o.) war dies eine Verschlechterung.

[74] Mehrheit von 69,9% dafür; dazu s.o. Fn. 64 (*Lang*), S. 716.

[75] Bunreacht na hEireann, 1937, Art. 47 Abs. 1: „Every proposal for an Amendment ... submitted by Referendum to ... people ... for the purpose of Art. 46 ... held ... approved by the people ... if a majority of the votes cast ... in favour of ... enactment ...".

[76] S.u. Anhang Nr. 14. Zweiter Satz in Art. 29 Abs. 4.3. Tenth Amendment of the Constitution Act, 1987. Zum Hintergrund zur EEA und zur European Communities (Amendment) Bill, 1986, s.o. Fn. 72 (*Murphy*), S. 17 ff., 239 ff.; zu juristischen Bedenken (besonders bezüglich EWG-V Art. 118a) vgl. *Walsh*, Reflections, S. 815 ff.

[77] Sehr kritisch zur Frage der EEA-Diskussion s.o. Fn. 64 (*Lang*), S. 717 f.

[78] S.o. Fn. A/258 (*Fitzgerald*), S. 8; ebd. S. 7 zur Kluft zwischen Befürwortern und Gegnern bezüglich Irland–EWG-Mitgliedschaft und „integretionist policies".

[79] Dazu s.o. Fn. A/239, S. 39.

[80] S.o. Fn. 72 (*Ireland*), S. 72; ebd. Appendix III. Dazu s.o. Fn. A/258 (*Fitzgerald*), S. 9.

[81] S.o. Fn. 72 (*Ireland*), S. 35 f.; EEA Art. 23/EWG-V Art. 130a ff.

EEA-Vorbereitungsphase hatte die irische Regierung auf eine Verbesserung in diesem letztgenannten Bereich viel Wert gelegt[82].

d) EEA-Impulse für das Recht auf Freizügigkeit innerhalb der Gemeinschaft

Bezüglich der EEA wurde aus irischer Sicht die Meinung vertreten, daß die EEA die Rechte (der Iren), in anderen Mitgliedstaaten sowohl zu studieren als auch zu arbeiten, konsolidieren werde[83]. Da die Freizügigkeit der Arbeitnehmer schon im EWG-Vertrag verankert und sowohl durch das sekundäre Recht näher konkretisiert, als auch im Laufe der Jahre durch die Rechtsprechung des EuGH ausgelegt worden war[84], scheint das Verbum „konsolidieren" besonders in bezug auf (alle, nicht nur die irischen) Arbeitnehmer das richtige zu sein, denn der Zweck der EEA ist es, einen Binnenmarkt zu erreichen, in dem der freie Verkehr u.a. von Personen (gemäß den Vertragsbestimmungen) gewährleistet wird. Zu dieser Bewertung der EEA aus irischer Sicht läßt sich auch sagen, daß sie neue Impulse zur Wahrnehmung der Freizügigkeit der Arbeitnehmer beiträgt[85]. Ob diese Impulse zu einer steigenden Zahl von EWG-Arbeitnehmern, und insbesondere (im Hinblick auf diese Studie) von irischen Arbeitnehmern, die ihre Freizügigkeitsrechte wahrnehmen, führen wird, muß im Hinblick auf die bisherigen Erfahrungen[86] offen[87] gelassen werden. Der oben erwähnten Bewertung kann aber insofern zugestimmt werden, daß es zu einer Konsoliderung kommt, was eine *qualitative* Verbesserung des Rechtes auf Freizügigkeit, wenn auch nicht unbedingt einen *quantitativen*[88] Sprung, bedeutet.

---

[82] S.o. Fn. 72, S. 22 f. Ob diese Umstrukturierung eine „quantum"-Änderung der Zuschüsse für Irland bedeutet, wird angesichts der südlichen Erweiterung der EG bezweifelt; s.o. Fn. A/239, S. 40.

[83] S.o. Fn. A/239, S. 53.

[84] S.o. dazu Teil B.II.2.

[85] S.o. Fn. B/12, B/13 und B/186.

[86] S.o. statt vieler Fn. A/20, S. 54 (allgemein).

[87] S.o. Fn. A/78 (*NESC*), S. 556: „... The essential result of completion of the internal market is that the Irish economy will become more integrated into the European economy ... with the increase in mobility of ... labour ... all policies and activities must be considered in a new light ...".

[88] Wenn dies überhaupt wünschenswert wäre; s.o. statt vieler Fn. A/256.

II. Das Recht der irischen Arbeitnehmer auf Freizügigkeit innerhalb der Gemeinschaft

1. Das Inkrafttreten der Vorschriften

a) Allgemeines

Ausgenommen die Artikel, die von den Übergangsvorschriften[89] erfaßt wurden, welche erst nach Ablauf[90] der Übergangsperiode[91] – d.h. ab 1. Januar 1978 – in vollem Umfang zur Geltung kamen, trat der EWG-Vertrag in Irland am 1. Januar 1973[92] in Kraft. Es wurde gleichzeitig zur Beitrittsakte[93] eine gemeinsame Erklärung[94] über die Freizügigkeit der Arbeitnehmer abgegeben, die wie eine Art Schutzklausel aussieht, aber deren praktische Auswirkung nicht so deutlich erkennbar ist. Die Erklärung[95] des Vereinigten Königreichs[96] zum Begriff „Staatsangehörige" soll nämlich nicht alle Bedenken bezüglich derjenigen, die Anspruch auf Freizügigkeit hätten stellen können, beruhigt haben. Deswegen wurde diese gemeinsame Erklärung abgegeben[97]. Es scheint unklar, was die gemeinsame Erklärung – dem Wortlaut nach – eigentlich bedeuten sollte. Es ist auch unklar, warum eine Schutzklausel überhaupt für notwendig gehalten wurde, denn es hatte sich kein spezifisches Problem in dieser Hinsicht ergeben[98].

---

[89] Während der Verhandlungsphase; Bulletin der EWG Nr. 9-10/1971, Rdnr. 105; *Ireland, Government of*, Weißbuch 1972.

[90] Dazu s.o. Fn. A/53, S. 2-473; s.o. Fn. A/272, S. 83.

[91] Zur „raison d'être" dieser Übergangsperiode überhaupt s.o. Fn. 13 (*Puissochet*), S. 47. Zur Notwendigkeit der Übergangsmaßnahme vgl. *EG-Kommission*, Erweiterte, Rdnr. 1.

[92] „Von Zeitpunkt des Beitritts an, sind die ursprünglichen Verträge und die Rechtsakte der Organe der Gemeinschaften für die neuen Mitgliedstaaten verbindlich und gelten in diesen Staaten in Übereinstimmung mit den genannten Verträgen und dieser Akte" (Art. 2 der Beitrittsakte; ABl. L 73/27.3.1972, S. 14).

[93] ABl. L 73/27.3.1972, S. 14.

[94] ABl. L 73/17.3.1972, S. 195.

[95] Beide wurden für „rassistisch" gehalten; s.o. Fn. A/40, S. 154 f.

[96] S.o. Fn. 91 (*EG-Kommission*), Erweiterte, Rdnr. 64; ABl. L 73/27.3.1972, S. 196. S.o. Fn. A/40, S. 153 ff.

[97] S.o. Fn. A/53, S. 2-473; s.o. Fn. A/273 S. 75; s.o. Fn. A/40, S. 132, ebd. S. 155. Vgl. auch dazu *Greenway*, S. 190 ff.

[98] Eine ähnliche gemeinsame Erklärung wurde beim Beitritt Griechenlands gemacht (ABl. L 291/19.11.1979, S. 17 ff.); s.o. Fn. A/51 (*Papastamkos)*, S. 72 ff.; zum

Das Inkrafttreten der EWG-Bestimmungen über die Freizügigkeit der Arbeitnehmer erfolgte für Irland in zwei Etappen[99]. Ab 1. Januar 1973 konnten irische Auswanderungswillige ihr Recht in Anspruch nehmen[100]. Die irische[101] Regierung durfte aber während einer Übergangsperiode von 5 Jahren (bis Ende 1977) ihre innerstaatlichen Bestimmungen beibehalten, wonach die Einwanderung von Staatsangehörigen der anderen Mitgliedstaaten nach Irland[102], die eine unselbständige Erwerbstätigkeit ausüben wollten, nach wie vor einer vorherigen Genehmigung bedürfte[103]. Diese Ausnahmeregelung wurde im Hinblick auf die hohe Arbeitslosigkeit[104] in Irland getroffen[105].

b) Soziale Sicherheit

Während die Verordnung 1408/71 betreffend soziale Sicherheit[106] für irische Wanderarbeitnehmer am 1.4.1973 in Kraft trat, entfaltete sie Rechts-

---

Beitritt Spaniens und Portugals und zur Freizügigkeit der Arbeitnehmer vgl. *Beutler* et al, Recht, Teil I.6.6, S. 5 (Schlußakte, Erklärungen Nr. 3 und 4), und S. 8 (Erklärung Nr. 1).

[99] Dies, obwohl (s.o. Fn. 13 [*Puissochet*], S. 89): „... la libre circulation des personnes ... L'adhésion n'a posé à cet égard que des problèmes limités ... aucune règle particulière n'a du etre prévue et, par voie de conséquence, les dispositions en vigueur au sein de la Communauté en matière de libre circulation des travailleurs s'appliquent intégralement depuis le 1er janvier 1973 dans les nouveaux Etats membres".

[100] *Ireland, Government of*, Weißbuch 1972, Rdnr. 260, S. 166.

[101] Ebenso die britische Regierung bezüglich Nordirland; vgl. ABl. 73/27.3.1972, Anhang VII, S. 143.

[102] Bzw. nach Nordirland.

[103] *Ireland, Government of*, Weißbuch 1972, Rdnr. 3.45, S. 21; ebd. Rdnr. 259, S. 166. Ausgenommen waren diejenigen, die im Vereinigten Königreich geboren wurden. ABl. 73/27.3.1972, Anhang VII, S. 143. S.o. dazu Fn. A/40, S. 130; s.o. Fn. A/53, S. 2-473 ff.

[104] S.u. Anhang Nr. 1. Die irische Arbeitslosigkeitsquote hat sich inzwischen fast verdreifacht!

[105] *Ireland, Government of*, Weißbuch 1972, Rdnr. 258, S. 166. S.o. dazu Fn. A/38, S. 309.

[106] ABl. L 149/5.7.1971, S. 2; das gleiche gilt für VO 574/72 (ABl. L 74/27.3.1972, S. 1). Zum Begriff „Arbeitnehmer" – wie im Social Welfare Act, 1952, Abschnitt 4, und i.S.v. Art. 1 lit. a) ii) der VO 1408/71 – vgl. Beitrittsakte, ABl. L 73/27.3.1972, E S. 112; vgl. auch (Beitrittsakte) Anhang III E: Irland, Abschnitt 6 – Social Welfare Act vom 29.7.1970.

wirkung für Einwanderer in[107] Irland erst am 1.4.1978[108]. Dank der EWG-Vorschriften[109] bleiben irischen Wanderarbeitnehmern ihre Ansprüche auf erworbene Sozialversicherungsleistungen während eines Aufenthalts im Ausland – sei es, um nach einer Beschäftigung zu suchen[110], sei es, um eine Erwerbstätigkeit auszuüben[111], sei es, um ihr Verbleiberecht in Anspruch zu nehmen[112] – erhalten[113].

Angesichts der hohen Arbeitslosigkeit und der gleichzeitig hohen Auswanderungsquote[114] während der letzten Jahre scheint besonders die Frage nach der Inanspruchnahme des (während der Suche nach einer Beschäftigung) im Ausland erworbenen Arbeitslosengeldes von Bedeutung für das Thema Freizügigkeit. Es wurde behauptet, daß im Laufe der 80er Jahre eine steigende Anzahl von Iren Gebrauch von ihren erworbenen bzw. erhaltenen Ansprüchen[115] in Richtung aller[116] Festland-Mitgliedstaaten gemacht hat[117].

---

[107] Beitrittsakte, ABl. L 73/27.3.1972, Anhang X, Nr. III, S. 151.

[108] Beitrittsakte ABl. L 73/27.3.1972, Anhang VII, S. 143; s.o. dazu Fn. B/76, (*Watson*), S. 115.

[109] Dazu s.o. Fn. B/75-84.

[110] Vgl. *Social Welfare, Department of*, Guide, SW 4, S. 39.

[111] S.o. Fn. 110, S. 31 ff.

[112] S.o. Fn. 110, S. 59.

[113] Vgl. *Social Welfare, Department of*, Rights.

[114] S.u. Anhang Nr. 1.

[115] Anspruch auf Arbeitslosengeld während 3 Monate Arbeitssuche, falls sie schon mindestens 4 Wochen in Irland arbeitslos gemeldet waren; s.o. Fn. 113, S. 6. Nicht aber Anspruch auf Arbeitslosenhilfe für die Langzeitarbeitslosen und weniger mobile Arbeitsuchende (Schriftverkehr mit dem Department of Social Welfare). S.o. Fn. 110, 4 S. 75: „Unemployment assistance is not paid ... if ... absent from the State ...".

[116] Gilt in Griechenland erst ab 1.1.1988, in Spanien und Portugal erst ab 1.1.1993; s.o. Fn. 113, S. 6.

[117] Schriftverkehr mit der zuständigen Abteilung des Department of Social Welfare. Leider ist die Behörde nicht in der Lage, diese Behauptung zu quantifizieren. S.o. Fn. A/234.

2. EWG-Maßnahmen, die zur Ausübung des Rechts auf Freizügigkeit besonders beitragen

a) SEDOC

Die irische SEDOC-Abteilung[118] ist dem Arbeitsministerium untergeordnet. In letzter Zeit wurde diesem System in Irland wachsende Aufmerksamkeit gewidmet[119]. Gleichwohl ist es fraglich, ob der Begriff SEDOC der breiten Öffentlichkeit bekannt ist, denn die Abteilung beschäftigt nur eine bescheidene[120] Mannschaft, ganz davon zu schweigen, daß die öffentliche Arbeitsverwaltung in Irland bei der Arbeitsvermittlung insgesamt nicht an erster Stelle steht[121]. In Irland sind neben der staatlichen Arbeitsvermittlungsverwaltung zahlreiche gewerbliche Vermittler[122] tätig. Firmeninterne Maßnahmen und Zeitungsanzeigen sind längst vertraute Vermittlungsmethoden, ebenso die sogenannten „Milk-Runs", wobei Arbeitgeber – einheimische und ausländische – die (zukünftigen) Universitäts- und Fachhochschulabsolventen besuchen, um sie über ihre Angebote zu informieren. Der Arbeitgeber kann frei entscheiden, wie er neue Mitarbeiter aussucht. Es besteht keine Pflicht für ihn, die staatliche Vermittlungsverwaltung über seine offenen Arbeitsplätze zu informieren. Da die möglichen Vermittler so vielfältig sind, hat dies zur Folge, daß der Arbeitsuchende sich nicht unbedingt an die öffentliche Vermittlungsverwaltung wendet. Er wird dadurch über eventuelle SEDOC-Angebote nicht informiert[123].

---

[118] Zum SEDOC-System s.o. Fn. B/92.

[119] Dáil Debates 1989, Vol. 392, Columns 1807 f. (Arbeitsminister): „... instructed FAS to ensure EC vacancy notices are displayed in FAS offices and that notices should be displayed advising job-seekers that information supplied under the EC sponsored SEDOC vacancy-exchange system is available on request ...". S.o. A/240 (*Diggins*), S. 10.

[120] Vgl. *EG-SEDOC*, Liste, S. 7: hier werden 2 Namen, einer davon als „responsable", genannt – m.a.W. eine kleine Abteilung. Dazu der Department of Labour Annual Report 1987, S. 24, der auf „... SEDOC ... has been allocated additional resources to enable it to provide a more effective service for Irish jobseekers" hinwies.

[121] S.o. Fn. B/131 zur historischen Entwicklung der Arbeitsverwaltung.

[122] Zugelassen unter dem Employment Agency Act, 1971.

[123] Es stehen der Verfasserin keine Angaben zu Vermittlungen durch die irische SEDOC-Abteilung zur Verfügung; zur Lage Irland–Bundesrepublik s.u. Teil D.III.1.

b) EG-Beamtenaustausch

Irische Arbeitsverwaltungsbeamte sind an den EG-Beamtenaustauschprogrammen[124] in mehreren Mitgliedstaaten beteiligt[125]. Dies ermöglicht den zuständigen Beamten, die Verhältnisse der anderen Arbeitsmärkte näher kennen zu lernen und dementsprechend irische Arbeitsuchende bzw. Auswanderungswilliger besser zu beraten. Dies kann sogar zu unmittelbaren Arbeitsvermittlungen führen[126].

c) Austausch junger Arbeitskräfte

Irland nimmt an verschiedenen Austauschprogrammen[127] einschließlich der von der EG unterstützten Austauschprogramme junger Arbeitskräfte teil[128]. Hauptträger staatlicher Seite ist jetzt die FAS[129]. Auf privater Ebene sind mehrere Initiativen in Gang[130], denn rechtlich gesehen steht es allen frei, private Kontakte aufzunehmen und Austauschprogramme durchzuführen. Den einzelnen Teilnehmern kommt dies zugute. Man lernt ein anderes Land kennen und kann später auf diese Erfahrungen weiter aufbauen; fraglich ist freilich, ob nicht dadurch sowohl der Überblick insgesamt verloren geht als auch Effektivitätsverluste angesichts der entstandenen Konkurrenz zwischen den verschiedenen Trägern auftreten[131].

---

[124] S.o. dazu Teil B.III.2.

[125] „The authority is also involved in an EC funded scheme to strengthen contacts between job agencies in member states by temporary staff exchanges between the agencies. FAS officials have worked in state employment agencies in Germany, Holland, France and the UK" (Irish Times vom 15.6.1989).

[126] S.u. zum Austausch-Beamten in Nagold Fn. D/73 und D/79.

[127] Hier werden langjährige Austauschprogramme, wie sie etwa von IAESTE durchgeführt werden, nicht angesprochen.

[128] Dazu s.o. dazu Teil B.III.3. Vgl. bezüglich Irland *FAS*, Manpower, S. 3.

[129] Vgl. INFORMISEP Nr. 20 Dec. 1987, S. 4; früher AnCO, NMS, YEA.

[130] S.u. zur Bundesrepublik Fn. D/79 und D/80.

[131] S.u. zu CII und SEDOC Fn. D/80.

d) COMETT

An den von COMETT[132] 1987-88 bezuschußten Projekten nahm Irland mit 9-16% teil[133], während sich im Hinblick auf Hochschule–Wirtschaft-Ausbildungspartnerschaften eine mehr oder weniger vollständige Abdeckung erkennen läßt[134]. Hier befindet sich Irland (zusammen mit dem Vereinigten Königreich und Luxemburg) unter den Ländern mit der vollständigsten Inanspruchnahme. Unter den Mitgliedern des COMETT-Ausschusses sind zwei irische Mitglieder; außerdem wurde in Irland ein COMETT-Informationszentrum eingerichtet[135].

e) ERASMUS

Wie aus dem neuesten Jahresbericht[136] des ERASMUS-Programms[137] zu ersehen ist, nehmen irische Hochschulen und Studenten daran teil[138]. Es bestehen aber Sorgen wegen der Kostspieligkeit des Studiums in Irland und deren Auswirkung auf die Teilnahme an ERASMUS. Angesichts dieser Kostspieligkeit der Universitätsausbildung besteht die Sorge, daß irische Hochschulstudenten bei der Anwendung des Kriteriums der Anzahl der Studenten in einem Mitgliedstaat zwecks Gewährung von ERASMUS-Studienbeihilfen gegenüber Studenten aus anderen Mitgliedstaaten benachteiligt werden[139].

---

[132] Näheres dazu s.o. Teil B.III.4.

[133] Jahresbericht 1988, KOM. (89) 171 endg., S. 82, Rdnr. 29, S. 49 – zusammen mit Italien, Griechenland und Dänemark. Die Teilnahme schwankt von ca. 50% (Frankreich und das Vereinigte Königreich) bis zu 14% (Luxemburg).

[134] S.o. Fn. 133, Rdnr. 31.3.

[135] S.o. Fn. 133, S. 84.

[136] KOM (89) 119 endg., S. 10. Im akademischen Jahr 1988/89 erhielten irische Teilnehmer 0,94% des Budgets, nur Luxemburg mit 0,7% hatte weniger; ebd. S. 22-31 zur Teilnahme insgesamt (einschließlich Irlands) im Jahr 1988/89.

[137] S.o. dazu Teil B.III.5.

[138] Zur irischen Teilnahme vgl. *EG*, „The ERASMUS-Directory", u.a. S. 567, und die Tabelle „Grants for Study Visits awarded in 1987-88": 48 (an irische Teilnehmer aus insgesamt 1138; nur Luxemburg mit 1 hatte weniger Teilnehmer).

[139] Vgl. SA Nr. 2034/87 ABl. C 303/28.11.1988; SA Nr. 1963/88 ABl. C 255/9.10.1989, S. 17.

f) LINGUA

Fremdsprachenkenntnisse[140] sind in Irland generell auf einem niedrigen Niveau[141]; hinzu kommt eine „traditionelle" Unausgeglichenheit unter den bekanntesten Weltsprachen[142]. In letzter Zeit hat das Thema Fremdsprachenunterricht sehr an Bedeutung gewonnen[143], und zwar auf verschiedenen Ebenen[144]; das steigende Interesse kann nur mit geschäftlichen bzw. beruflichen Interessen erklärt werden[145]. Das LINGUA-Programm[146] hat in Irland Erwartungen erweckt[147], und zwar sowohl in bezug auf Fremdsprachen als solche als auch auf die weniger benutzten Gemeinschaftssprachen einschließlich des Gaelischen. Es ist abzuwarten, was geschehen wird. Zumindest kann es als ein positiver Beitrag zur ganzen Debatte (zum Thema Fremdsprachenunterricht) im Vergleich zur Stagnation der früheren Jahre bezeichnet werden. In diesem Zusammenhang wurde Anfang 1990 nach einem Koordinator des LINGUA-Programms in Irland gesucht.

---

[140] Zu einem Vergleich unter mehreren Mitgliedstaaten s.o. Fn. A/78 (*EG*), S. 97.

[141] Vgl. *Sagarra*, S. 13.

[142] S.o. Fn. 141, a.a.O.: „... In 1984/85 the relative proportions in take-up rate of the 4 continental languages taught in postprimary schools in the Senior Cycle were ... 59.82% (62.25%) French, 3.5% (4.93%) German, 1.9% (1.8%) Spanish and 0.2% (0.1%) Italian" (1987/88 in Klammern, geschätzt).

[143] Dáil Debates 1989, Vol. 392, Column 2166 ff.: „...reason so many of our young people do not even make a bid to get jobs in the EC is that they do not have language skills ..."; kritisch dazu ebd. Column 2170 ff.: „...can make pleas ... for more languages ... so that ... can start exporting our young people to Germany and France ... rather than sucked into ... Chicago, San Francisco and so on ... hypocrisy and humbug ...".

[144] S.o. Fn. 141, a.a.O. zu den Schulen; ebd. S. 18 zum Geschäftsleben; ebd. S. 18 Fn. 7 zu den Hochschulen; s.o. Fn. 128, a.a.O. zur Berufsausbildung/Weiterbildung.

[145] S.o. Fn. 141, S. 18: „... there are now a large number of groups and organisations in Ireland who view the German language as an indispensible tool of business, employment and wealth creation, are prepared to say so publicly ... and who have invested resources in language training schemes for their members or employees ... language training as a skill or tool for career purposes which dominates the public mind ...".

[146] S.o. dazu Teil B.III.6.

[147] S.o. Fn. 141, S. 17.

g) Gegenseitige Anerkennung der Diplome

Ein Grund für den früher geäußerten Pessimismus gegenüber der Freizügigkeit auf dem Festland war die Befürchtung der Nichtanerkennung der irischen Diplome[148]. Die allerneuesten[149] wie auch die seit langem in Kraft getretenen[150] Maßnahmen stellen einen Beitrag zur Erleichterung der Ausübung der Freizügigkeit dar.

h) Europäischer Sozialfonds (ESF)

ESF[151]-Träger in Irland ist das Arbeitsministerium[152]. Irland[153] hat von den Strukturfonds profitiert[154], und deren Rolle bei der Berufsbildung in Irland ist anerkannt[155]. Dies bleibt aber nicht ohne Kritik[156]. Viel Aufmerksamkeit wurde der Umstrukturierung der Strukturfonds infolge des Inkrafttretens der EEA gewidmet[157]. Als von zusätzlichen Zuschüssen wegen der steigenden Auswanderung und der damit verbundenen Verluste irischer Steuergelder die Rede war, wies die EG-Kommission auf die Rolle hin, die die Strukturfonds bereits bei der Ausbildung in Irland spielen[158] und lehnte zusätzliche Finanzierungen auf diese Weise ab.

---

[148] S.o. Fn. A/2 (*Hederman*), S. 45.

[149] S.o. dazu Teil B.III.7.

[150] S.o. dazu Fn. B/170.

[151] S.o. dazu Teil B.III.8.

[152] *Labour, Department of*, Annual Report 1988 S. 45.

[153] Zum ESF in Irland s.o. Fn. 8, S. 146 ff.

[154] *Labour, Department of*, Annual Report 1987, S. 46 f.; ebd. 1988, S. 45 f.; vgl. *NESC*, Table 15.2. SA Nr. 236 und Nr. 295/88, ABl C 132/29.5.1989, S. 23; s.o. Fn. A/239, S. 43.

[155] Vgl. statt vieler *Labour, Department of*, Annual Report 1988, S. 46.

[156] Vgl. dazu *Wickham*, in *Drudy/McAleese* (Hrsg.), S. 215-241, 235 ff.

[157] S.o. Fn. 80-82.

[158] S.o. Fn. A/258.

D. Irische Arbeitskräfte in der Bundesrepublik Deutschland

I. Entwicklung

1. Überblick

Wie aus den Angaben des SBA und der BAA zu entnehmen ist, sind irische Arbeitnehmer seit vielen Jahren in allen Bundesländern[1] – einschließlich Berlins – und in verschiedenen Wirtschaftszweigen[2] beschäftigt, allerdings im Verhältnis zu den anderen Ausländern (Staatsangehörigen bzw. Arbeitnehmern)[3] ziemlich wenig, und im Vergleich zur Zahl der Iren etwa in Großbritannien[4] oder den Vereinigten Staaten[5] sogar sehr wenig. Die exakte Anzahl läßt sich nicht feststellen.

Zum Verhältnis Irland–Bundesrepublik tauchen in jungster Zeit zwei Hauptthemen in bezug auf Auswanderung auf. Das eine ist der Gewinn[6] an Bedeutung der Bundesrepublik als Zielland, u.a. wegen der Altersstruktur sowohl in Irland als auch in der Bundesrepublik. Als Beispiele dienen die folgenden:

„... Conference 1984 ... (attended) by senior representatives ... the Confederation of Irish Industry, Córas Tráchtala, Bord Fáilte, Bord Bainne, the Meat Board etc., and chaired by Richie Ryan MEP ... If the association of a knowledge of German as (i) a key to employment of Ireland's youth population given West Germany's downward demographic curve, ... and (iii) access to German skills in marketing and service, was not forged on that occasion, media coverage intervened in the following months and years to ensure this effect ...“[7]

„... The late teenage population is falling quite rapidly in Germany, where the rate of decline will lessen after 1990 ... unemployment has begun to fall ... distinct

---

[1] S.u. Anhänge Nr. 4, 5 und 11.

[2] S.u. Anhang Nr. 6.

[3] S.o. Fn. A/111 und A/112. S.u. Anhang Nr. 7.

[4] S.u. Anhänge Nr. 2 und 3.

[5] S.o. Fn. A/229.

[6] Dáil Debates 1989, Vol. 392, Column 1818 (skeptisch): „... heard a person on the radio suggesting that Irish emigrants could become an élite class in Germany“.

[7] S.o. Fn. C/141, S. 16.

possibility that youth labour markets ... could become tighter in the next few years, with effects on both the volume and destination of Irish emigration ... Germany in particular could become a major destination for Irish emigrants in the years ahead ..."[8]
„... One partial solution for Ireland may lie in looking away from our traditional fields of emigration and turning attention to Europe and the potential represented by the Single European Market ... the demographic structure of Germany (and most of the Northern EC member states) indicates an interesting shortage of young workers over the next decade ..."[9]
„Period 1986-2001 ... in (other countries such as) the Federal Republic of Germany where fertility peaked in the 1960s the demographic structure coupled with the free movement of persons within the EEC may give rise to „pull" factors for well educated young Irish people with appropriate language and other skills ..."[10]
„... in Germany there will be 47 percent fewer school-leavers by 1992 ... (these countries) ... will be crying out for young well-educated and skilled workers. Ireland will have these young people and (if we have not got the jobs) ... German (and other economies) ... will benefit from the skills that our young people can offer them".[11]

Die „vermutete" ökonomische Lage der Bundesrepublik und insbesondere des Arbeitsmarktes – sprich: dort vorhandene Arbeitsplätze – ist auch ein Anreiz für das steigende Interesse an die Bundesrepublik als Zielland:

„... Emigrants should look to Germany rather than the United States as the jobs and accommodation situation was better there. It was for this reason that the knights were trying to persuade Irish schools to introduce the teaching of German on a wide scale ..."[12];

oder bezüglich des Übersiedlerzustroms, der schnell in der Bundesrepublik eingestellt wurde: „warum haben junge Iren sich nicht für diese Arbeitsplätze beworben", lautete die Frage[13].

Das zweite Thema schließt die Behauptung ein, daß (viel) mehr Iren in der Bundesrepublik weilen, als die Angaben des SBA zu den irischen Staatsangehörigen angeben. Versucht man diese Behauptungen zu belegen, stoßt man leider auf keinen konkreten Beweis[14].

---

[8] S.o. Fn. A/232, a.a.O.

[9] Irish Times vom 18.3.1989, Leitartikel: „Emigration and the Irish".

[10] S.o. Fn. A/215, S. 15.

[11] Dáil Debates 1989, Vol. 392, Column 1801.

[12] Interview mit dem Supreme Knight der Knights of Columbanus, in: Irish Times vom 29.12.1987, S.15.

[13] Dáil Debates 1989, Vol. 392, Column 2166.

[14] Vgl. Irish Times vom 19.11.1987, S. 1, wo berichtet wurde, daß nach Schätzungen der irischen Bischofskonferenz 10000 Iren im Großraum München beschäftigt seien, und daß eine kirchliche Mission dort gegründet werden werde. Im Schriftver-

2. Bis zum Beitritt Irlands in die EWG

Obwohl gleichzeitig mit der Gründung der Anwerbekommissionen der BAA[15] Tausende von Iren auswanderten[16], wurden sie weder nach Deutschland angeworben noch durch private Initiative in nennenswerten Zahlen[17] eingestellt. Angesichts der Berufsprofile sowohl derjenigen, die damals auswanderten, als auch derjenigen, die in die Bundesrepublik einwanderten, ergibt sich mindestens die Frage, warum kein Ausgleich (Irland–Bundesrepublik) gesucht bzw. versucht wurde[18]. Immerhin zeigte sich allmählich eine leichte Erhöhung der Zahl der irischen Arbeitnehmer in der Bundesrepublik bis zum Beitritt Irlands in die EWG, während der Trend unter den Arbeitslosen gleich blieb[19].

3. Bis heute

Nach dem Beitritt Irlands in die EWG – der gleichzeitig zum Anwerbestopp stattfand[20] – setzte sich die schon in Gang befindliche allmähliche Erhöhung der Zahl der irischen Arbeitnehmer fort, obwohl das Tempo nunmehr nachgelassen hat und sogar ein Rückgang – der sich inzwischen langsam ändert – zu erkennen war. Immerhin bleibt die Zahl der Arbeitnehmer ziem-

kehr mit dem zuständigen Bischof wurde die Zahl 10 000 auf 2 500-3 000 (für 1986) heruntergesetzt. 1989 wurde die Mission gegründet, um die irischen Seelen im Großraum München zu betreuen. Diese gilt als Gemeinde der Diözese München-Freising, und dabei sind ihr Name und Adresse der irischen Katholiken im Großraum München zugänglich gemacht worden, wobei festgestellt werden konnte, daß viele Namen und Adressen nicht stimmen, denn viele seien um- bzw. ausgezogen und neu eingezogen, ohne sich an- oder abgemeldet zu haben. Bei einem feierlichem Hochamt bei der Eröffnung der Mission in München in der Anwesenheit des Kardinals habe man von der Größe der Kirche eine gewisse Zahl feststellen können; ca. 2 000 Iren seien im Großraum München. Darüber hinaus wurde energisch behauptet, daß die Angaben des SBA zu irischen Staatsangehörigen der tatsächlichen Lage nicht entsprechen, daß die angegbenen Zahlen vielmehr zu niedrig seien (Gespräche u.a. mit Dr. Ulli Kochel, Institute of Irish Studies, University of Liverpool und mit Fr. Eugene Duffy, St. Kilians Mission, München bezüglich dieser Arbeit). Zur Mission u.a. in München vgl. *Casey*, in *Mulholland / Keogh* (Hrsg.), S. 34-44, 40.

[15] Dazu s.o. Fn. A / 100.

[16] S.o. Fn. A / 226. S.u. Anhang Nr. 1.

[17] Soweit die Verfasserin es feststellen kann. S.o. Fn. 1; s.u. Anhang Nr. 5.

[18] S.o. Fn. A / 244 (*Hazelkom*); s.o. Fn. A / 100.

[19] S.u. Anhänge Nr. 5, 8 und 11.

[20] S.o. Fn. A / 106.

lich gering, besonders im Vergleich zur Zahl der Auswanderer[21]. Wirft man einen Blick in die Zahl der Kindergeldberechtigten, merkt man, daß auch hier die bereits beobachtete, allmählich steigende Tendenz zu sehen ist[22].

Betrachtet man die Zahl der irischen Staatsangehörigen, läßt sich ein deutlicher Sprung feststellen. Diese stellt im Vergleich zur Zahl der Arbeitnehmer ein außergewöhnlich hohes Abhängigkeitsverhältnis dar[23]. Ganz eigenartig scheinen die Angaben zu den Arbeitslosen. Vor dem Beitritt in die EWG herrschte kaum Arbeitslosigkeit unter den sich in Deutschland aufhaltenden irischen Arbeitnehmern. Gleichzeitig mit dem Beitritt wurde die Arbeitslosigkeit unter den Iren mehrstellig und dehnte sich schnell auf die Hunderte aus. Die Tendenz verlief bis 1988 steil aufwärts, ging aber 1989 zurück, was sich 1990 wiederholte[24]. Es ist unklar, ob die Betroffenen bereits in Irland arbeitslos waren, d.h. ob sie als Arbeitsuchende nach Deutschland gekommen sind, oder ob sie erst nach einer Tätigkeit in der Bundesrepublik arbeitslos geworden sind. Diese Angaben sind umso merkwürdiger, vergleicht man sie mit der Zahl der (versicherungspflichtig) beschäftigten Arbeitnehmer. Das Verhältnis Arbeitslose : Beschäftigte zeigt eine sehr hohe Arbeitslosenquote unter irischen Arbeitnehmern in der Bundesrepublik[25]. Auf dem ersten Blick ergibt sich keine einfache Erklärung: eine gezielte vertiefte Untersuchung dieses Problems wäre zu erwünschen, was leider außerhalb der Begrenzung dieser Arbeit bleiben muß.

II. Rechtliche Regelungen vor dem Beitritt Irlands in die EWG

1. Nationale Vorschriften

Wie für alle anderen, den allgemeinen Regeln unterfallenden ausländischen Arbeitskräfte in der Bundesrepublik galten für die irischen Arbeitnehmer in den ersten Jahren nach der Gründung der Bundesrepublik die entsprechenden deutschen Vorschriften[26]. Dies betraf in erster Linie die in den 30er

---

[21] S.u. Anhänge Nr. 7 und 1.

[22] BKGG i.d.F. d. Bek. vom 21. Januar 1986, BGBl. I S. 223. S.u. Anhang Nr. 9.

[23] S.u. Anhang Nr. 7.

[24] S.u. Anhang Nr. 8.

[25] S.u. Anhänge Nr. 7 und 8. Vgl. die Statistischen Jahrbücher zu vergleichbaren Angaben für andere Nationalitäten.

[26] Zum Sozial- und Arbeitsrecht sowie zum politischem Recht s.o. Fn. A/133.

Jahren in Kraft getretenen Vorschriften über das Paß-, Ausländer-, Polizei- und Meldewesen[27] sowie die Ausländerpolizeiverordnung[28]. Erst 1965 trat ein bundesdeutsches Ausländergesetz[29] in Kraft, wobei die oben erwähnten Vorschriften aufgehoben wurden[30]. Demzufolge wurden Einreise[31], Aufenthalt[32] – einschließlich Aufenthaltserlaubnis – und Ausreise bzw. Ausweisung[33] für nicht in den Genuß anderer Vorschriften[34] kommende irische Arbeitnehmer durch auf dieses Gesetz gestützte Vorschriften geregelt. Die im Regelfall benötigte Aufenthaltserlaubnis wurde durch das 1969 erlassene Arbeitsförderungsgesetz und die darauf gestützten Vorschriften geregelt[35].

2. Internationales Recht

a) Multilaterale Abkommen

Abgesehen vom allgemeinen Völkerrecht[36] sind die Bundesrepublik und Irland Vertragspartner in einigen multilateralen Abkommen[37], die hauptsächlich oder nur zum Teil Wanderarbeitnehmer betreffen. Seit dem Beitritt Irlands in die EWG haben die EWG-Vorschriften Vorrang.

---

[27] Gesetz über das Paß-, Ausländerpolizei- und das Meldewesen vom 11. Mai 1937, RGBl. I S. 589.

[28] Ausländerpolizeiverordnung (APVO) vom 22. August 1938, RGBl. I S. 1053.

[29] S.o. Fn. A/129.

[30] AuslG § 55 II; ebd. die Nicht-mehr-Anwendung des Paßgesetzes vom 4.3.1952 (BGBl. I S. 290, mit Novellierungen) auf Ausländer.

[31] S.o. Fn. A/125.

[32] S.o. Fn. A/126.

[33] S.o. Fn. A/128.

[34] Für die Fälle, die nicht von EWG-Vorschriften geregelt werden, gelten die treffenden Vorschriften des AuslG auch für diejenigen Arbeitnehmer, die ihr Recht auf Freizügigkeit in Anspruch genommen haben (AufenthG/EWG § 15). Zu den vorgesehenen Änderungen zum AufenthG/EWG infolge des neuen AuslG (vom 9.7. 1990, BGBl. I S. 1354) vgl. BR-Drs. 11/90 vom 5.1.1990, S. 87 ff.

[35] S.o. Fn. A/132.

[36] S.o. Fn. A/136, a.a.O.

[37] U.a. Europäisches Niederlassungsabkommen vom 13.12.1955 nebst Protokoll, verkündet mit Gesetz vom 30.9.1959, BGBl. II S. 997; in Kraft getreten am 23.2. 1965/30.7.1965, BGBl. II S. 1099; Europäische Sozialcharta Art. 18, 19 (Sartorius II, Nr. 115). Europäisches Fürsorgeabkommen, BGBl. 1958 II S. 18, BGBl. 1983 II S. 337.

b) Bilaterale Abkommen

Zwar wurde schon in den 60er Jahren ein Gastarbeitnehmer-Abkommen[38] zwischen den beiden Ländern vereinbart, doch gab es nie eine Anwerbe-Kommission der Bundesrepublik in Irland. Diese Vorschriften fanden nicht nur auf irische Staatsangehörige, sondern auch auf Deutsche[39] Anwendung – m.a.W. es ging in beide Richtungen –, die für eine begrenzte Zeit[40] im anderen Land ein Arbeitsverhältnis als Gastarbeitnehmer[41] eingingen, um sich beruflich und sprachlich fortzubilden[42]. Die Vorschriften erstreckten sich sowohl auf „Handarbeiter" als auch auf „Kopfarbeiter", auf männliche oder weibliche Arbeitnehmer, die „in der Regel" das 18. Lebensjahr vollendet und das 30. Lebensjahr nicht überschritten hatten[43]. Es wurde bei der Zulassung der Betroffenen Rücksicht weder auf die allgemeine Beschäftigungslage noch auf die besondere Beschäftigungslage des betreffenden Wirtschaftszweiges genommen[44]. Eine außerhalb des Anwendungsbereiches des Abkommens benötigte Arbeitserlaubnis entfiel durch die Zulassung als Gastarbeitnehmer im Rahmen des Abkommens[45], was sicher vorteilhaft für die Berechtigten war. Unberührt blieben die (in den beiden Ländern) geltenden Gesetze und Vorschriften über die Einreise, den Kurzaufenthalt, den Aufenthalt und die Ausreise von Ausländern[46].

Es wurden nicht nur Beschränkungen bezüglich des Alters oder Zwecks des Aufenthalts eingeführt, sondern auch bezüglich der Dauer des Gastarbeitnehmerverhältnisses, die grundsätzlich auf ein Jahr beschränkt wurde. In Ausnahmefällen konnte diese um (höchstens) sechs Monate verlängert werden[47]. Außerdem durften die Gastarbeitnehmer nach Beendigung des Gastarbeitnehmerverhältnisses in dem Land, in dem sie als Gastarbeitnehmer tätig

---

[38] BGBl. 1961 II S. 1021; BGBl. 1962 II S. 41.

[39] „... im Sinne des GG der Bundesrepublik Deutschland ...", Art. 1 I.

[40] Art. 3 I.

[41] Es ist von Gastarbeitnehmern die Rede, obwohl der Zweck des Aufenthalts sich auf die Fortbildung bezieht, Art. 1 I. Dieser Zweck wird heute in der EG (wenn auch umfangreicher und mit größerer finanziellen Unterstützung) u.a. durch die Austauschprogramme für junge Arbeitnehmer erfüllt.

[42] Art. 1 I.

[43] Art. 1 II.

[44] Art. 2 I.

[45] Art. 2 II.

[46] Art. 2 II.

[47] Art. 3 I.

waren, kein anderes Arbeitsverhältnis eingehen, es sei denn, daß ihnen eine Arbeitserlaubnis gemäß den allgemeinen Vorschriften erteilt worden wäre[48]. Ein jährliches[49] Kontingent von fünfzig Gastarbeitnehmern in jedem der beiden Länder durfte nicht überschritten werden[50]; dabei ließ sich eine gewisse Flexibilität bezüglich des Zeitpunktes der Zulassung eines bestimmten Gastarbeitnehmers erkennen[51]. Eine Übertragung des vereinbarten, aber nicht in Anspruch genommenen Kontingents von einem Jahr auf das folgende war nicht möglich[52], ebensowenig im einen Land[53] ein Ausgleich der Zulassungen zu Lasten des anderen Landes, wenn das vereinbarte Kontingent nicht erreicht wurde. Es wurde aber die Möglichkeit einer Änderung des Kontingents vorgesehen; sie konnte durch Notenaustausch spätestens einen Monat vor Ablauf des Jahres (für das folgende Jahr) vereinbart werden[54].

Den Gastarbeitnehmern sollte auf der einen Seite von ihren Arbeitgebern ein Entgelt zugutekommen, das nicht nur ihrer Arbeitsleistung entsprach, sondern auch für ihren Unterhalt ausreichte[55]; auf der anderen Seite durften die Gastarbeitnehmer nur zugelassen werden, wenn der Arbeitgeber sich verpflichtete, sie zu den gleichen Lohn- und Arbeitsbedingungen zu beschäftigen, wie sie für vergleichbare inländische Arbeitnehmer des Betriebes galten, in dem der Gastarbeitnehmer beschäftigt werden sollte[56]. Den Gastarbeitern wurde Gleichbehandlung bei Arbeitsschutz und Rechtschutz auf dem Gebiete des Arbeitsrechts zugesichert[57]; die soziale Sicherheit (der Gastarbeitnehmer) regelte sich nach den Vorschriften des Beschäftigungslandes sowie nach den zwischenstaatlichen Verträgen, die für die Bundesrepublik Deutschland und Irland verbindlich waren[58].

Die Anträge auf Zulassung als Gastarbeitnehmer im anderen Land liefen über die dort jeweils zuständigen Behörden[59], die die Bewerber bei der Su-

---

[48] Art. 3 II.

[49] Im Kalenderjahr, Art. 5 II.

[50] Art. 5 I.

[51] Art. 5 II.

[52] Art. 5 III.

[53] Art. 5 III.

[54] Art. 5 IV.

[55] Art. 4 I.

[56] Art. 4 II.

[57] Art. 4 III.

[58] Art. 4 IV.

[59] Art. 6.

che nach einer Gastarbeitnehmerstelle in ihrem Lande durch geeignete Maßnahmen – einschließlich (falls nötig) der Mitwirkung der eigens dazu geschaffenen Stellen und der in Betracht kommenden Organisationen – unterstützten[60]. In der Bundesrepublik war dies die BAA/ZAV; in Irland das Department of Industry and Commerce (Irish Committee for the Exchange of Stagiaires with Foreign Countries), denn das Department of Labour (mit entsprechenden staatlichen Einrichtungen wie NMS bzw. AnCO bzw. FAS) wurde erst 1966 ins Leben gerufen. Sowohl das Zulassungsverfahren als auch die Vermittlung waren für die Bewerber kostenlos[61].

Es stehen leider keine Angaben zur Verfügung über die Zahl derjenigen, die sich auf dieses Abkommen berufen haben[62]. Das Abkommen bleibt noch in Kraft, ist aber durch die gemeinsame EWG-Mitgliedschaft gegenstandslos geworden, da die EWG-Freizügigkeitsvorschriften seinen Inhalt überholt haben.

III. EWG-Maßnahmen, die zur Freizügigkeit zwischen Irland und der Bundesrepublik besonders beitragen

1. SEDOC

Das SEDOC-System ist in der Bundesrepublik der BAA – genauer: der ZAV[63] – untergeordnet[64]. Die Übermittlung von Stellen- und Bewerbeangeboten im Rahmen des SEDOC-Systems zwischen Irland und der Bundesrepublik besteht seit 1982, obwohl die ZAV seit 1980 an das SEDOC-System angeschlossen ist[65]. In Irland taucht dieses Thema in letzter Zeit öfters auf[66]. Betrachtet man aber die Vermittlungen (von) Irland in die Bundesrepublik, bleibt ihre Zahl gering:

---

[60] Art. 7 II.

[61] Art. 8.

[62] Das vereinbarte Kontingent war sehr bescheiden; s.o. Fn. 50.

[63] S.o. Fn. C/120 (*EG*, Liste), S. 3. Im Rahmen dieser Arbeit war es mehrmals notwendig, sich an die ZAV/SEDOC-Abteilung zu wenden; dank ihrer großzügigen Hilfe konnte der Verfasserin ein gewisser Überblick über die Durchführung des Systems – Irland/Bundesrepublik – vermittelt werden. Leider sind keine entsprechenden Informationen von irischer Seite vorhanden.

[64] Zu Irland s.o. Fn. C/120.

[65] Schriftverkehr mit der ZAV/SEDOC-Abteilung.

[66] S.o. Fn. C/119.

„Bis 1986 gingen jährlich rd. 180 Bewerbungen aus Irland ein, danach war die Zahl der Bewerber rückläufig (ca. 140 bis 150 Bewerbungen im Jahr), weil die Vermittlungsmöglichkeiten begrenzt sind ... Zur gleichen Zeit wurden (jährlich) zwischen 5-10 irische Arbeitnehmer von deutschen Arbeitgebern eingestellt, während 1987 109 irische Ferienarbeiter und 6 Fachkräfte und 1988 / 1989 3 Iren nach Deutschland vermittelt werden konnten."[67]

Die Gründe dafür sind vielfältig; die Hauptursachen sind zweierlei – SEDOC-systemspezifische und die Arbeitsuchenden. Auf der einen Seite, systemspezifisch, spielt die Zuordnung des SEDOC zur öffentlichen Arbeitsverwaltung bei der Auswahl der zur Verfügung stehenden Arbeitsplätze eine Rolle, sowohl unter den suchenden Arbeitgebern als auch unter den Arbeitsuchenden[68]; darüber hinaus spielt eine Rolle, daß das SEDOC-System die zur Verfügung stehenden Arbeitsplätze anderen Arbeitsverwaltungen erst mitteilt, wenn Einheimische nicht zu finden sind[69], was auf eine generelle Schwierigkeit hindeutet, die Stellen zu besetzen. Außerdem bedeutet die Art und Weise, wie das SEDOC-System ursprünglich konzipiert wurde[70], daß es im Moment wenig leistungsfähig ist; dementsprechend „schwach" ist der „Umsatz". Auf der anderen Seite wird behauptet, daß die Berufsprofile der (irischen) Arbeitsuchenden dem Fachkräfteniveau des deutschen Arbeitsmarktes nicht entsprächen:

„Die ZAV wird von einer Vielzahl von Iren bemüht, die wegen des schlechten Arbeitsmarktes in Irland eine Beschäftigung auch in der Bundesrepublik suchen. Diese Anfragen münden jedoch nicht immer in eine konkrete Vermittlung, weil insbesondere die sprachlichen, mitunter auch die beruflichen Voraussetzungen für eine Tätigkeit auf dem Fachkräfteniveau nicht ausreichen. Auch die zahlreichen Bemühungen von staatlicher irischer Seite, die extrem hohe Arbeitslosenquote in Irland zu senken, sind wegen der hohen „Reibungsverluste" nicht immer von Erfolg gekrönt."

So kommen trotz aller Bemühungen keine Vermittlungen zustande und vorhandene Erwartungen müssen entäuscht werden[71].

---

[67] S.o. Fn. 65.

[68] S.o. Fn. B / 131 zu Entwicklungen der öffentlichen Arbeitsverwaltungen; ebd. zum Marktanteil der öffentlichen Arbeitsverwaltungen an den Gesamtvermittlungen in den jeweiligen Ländern (Bundesrepublik: 20-30%; Irland: „sehr wenige Vermittlungen"). S.o. Fn. B / 138 zur Lage in der Bundesrepublik. Zum SEDOC in der Bundesrepublik s.o. Fn. B / 141.

[69] S.o. Teil B.III.1.

[70] S.o. Fn. 69, a.a.O.

[71] SV mit der ZAV / SEDOC-Abteilung.

2. EG-Beamtenaustausch

Irische Beamte nehmen an EG-Beamtenaustauschprogrammen[72] teil, auch in der Bundesrepublik[73]: sie lernen den deutschen Arbeitsmarkt besser kennen und sind nunmehr in der Lage, irische Arbeitsuchende zu informieren. Hinzu kommt die engere Zusammenarbeit zwischen deutschen und irischen Kollegen; sie kann auch zu unmittelbaren Arbeitsvermittlungen vor Ort führen[74].

3. Austausch junger Arbeitskräfte

Hauptträger der Austauschprogramme[75] für jüngere Arbeitskräfte in der Bundesrepublik ist die Carl-Duisberg-Gesellschaft (CDG). Pro Jahr nehmen ca. 15-20 junge Iren in der Bundesrepublik daran teil[76]; auf der irischen Seite ist die zuständige Behörde die FAS[77]. Darüber hinaus arbeitet die ZAV bezüglich „Au-Pair-Haustöchtern" mit einem privaten Träger[78] zusammen. Andere Träger sowohl auf staatlicher[79] als auch auf privater[80] Ebene sind

---

[72] Dazu s.o. Fn. C/124.

[73] „The authority is also involved in an EC funded scheme to strengthen contacts between job agencies in member states by temporary staff exchanges between the agencies. FAS officials have worked in state employment agencies in Germany, Holland, France and the UK ..." (Irish Times vom 15.6.1989).

[74] Z.B. verbrachte Ende 1989 ein irischer Beamter 3 Monate in Nagold, wo er hauptsächlich mit Hotel- und Gaststättengewerbevermittlungen beschäftigt war (junge Iren in die Bundesrepublik / Schwarzwald) (SV mit der ZAV / SEDOC-Abteilung).

[75] S.o. dazu Teil B.III.3.

[76] Seit „ca. 1985"; Schriftverkehr mit der CDG.

[77] SV mit der ZAV / SECOC-Abteilung.

[78] 1987 wurden 3 Iren in die Bundesrepublik vermittelt, während es in die andere Richtung 71 „Au-Pair-Haustöchter" waren — ein großer Unterschied (SV mit der ZAV / SEDOC-Abteilung).

[79] Im Rahmen dieser Arbeit konnten nur einige festgestellt werden: (1) CERT; (2) SFADCO. Darüber hinaus führt (3) die FAS ein Graduate-Placement-Programm durch, bei dem irische Hochschulabsolventen nach Deutschland fachgemäß vermittelt werden (und zwar langfristig und nicht auf Austauschbasis) (durch Schriftverkehr mit der jeweiligen Behörde erfahren). (4) Außerdem wird von Vermittlungsprogramm „zur Behebung des chronischen Mangels an Arbeitskräften im Bereich des Hotel- und Gaststättengewerbes" berichtet; daran beteiligt sind die ZIHOGA und z.T ein irischer Austauschbeamter (im Arbeitsamt Nagold 3 Monate tätig), der am EG-Beamten-Austauschprogramm teilnahm, aber nicht die SEDOC (s.o. Fn. 74 und 65). (5) Zudem

gleichzeitig tätig. Diese Kontakte sind hauptsächlich durch irische Initiative zustandegekommen, was als Zeichen für das große irische Interesse an der Bundesrepublik dient. Es besteht aber der Eindruck, daß gerade durch die Vielfältigkeit der Vermittlungsbestrebungen der Überblick verloren gehen könnte. Darüber hinaus darf die Frage gestellt werden, ob alle gegenseitig von den Aktivitäten der anderen informiert sind. Es bestehen also insgesamt, wenn nicht eine gewisse Konkurrenz, so zumindest Reibungsverluste.

4. COMETT- / ERASMUS-Programme

Die Bedeutung der ERASMUS[81]- und COMETT[82]-Programme für das Verhältnis Irland–Bundesrepublik liegt darin, daß eine mögliche Zusammenarbeit bzw. ein Aufenthalt im Rahmen dieser Programme zustande kommen könnte. Ein Nebeneffekt des ERASMUS-Programms scheint die Neigung britischer Studenten der Literatur- / Sprachwissenschaft zu sein, (jetzt) einen Kurs mit einem vorausgehenden Studienaufenthalt (in der Bundesrepublik) zu wählen, wobei die „Assistenten-Stelle", die ihnen sonst in der Bundesrepublik zugesagt worden wäre, jetzt irischen Studenten zugute kommt[83].

„hat die ZAV in Zusammenarbeit mit der Deutsch-Irischen Handelskammer, AnC0 (sic) sowie einigen irischen Unternehmen deren Bewerbern ein 6-monatiges Praktikum in der Bundesrepublik vermittelt" (s.o. Fn. 65). (6) Auch erwähnenswert ist die regionale Zusammenarbeit zwischen Baden-Württenberg und der irischen Mid-West-Region, die u.a. ein Ausbildungsprojekt für jungen Iren und Nordiren betrifft; in erster Linie bezüglich Gaststätten, aber auch andere Bereiche wurden erwähnt. Vgl. dazu statt vieler LT Baden-Württemberg, LT-Drs. 9/4678, S. 12 ff.

[80] CII: „The Third European Orientation Programme was launched at the beginning of 1987. 1500 applications were received for the programme and 300 potential canditates were interviewed from which a shortlist of 120 was drawn up. There were 60 places available on this programme ...". 1987 wurden 30 Hochschulabsolventen nach Deutschland vermittelt – wegen der Sprache und der Berufsbildung. Der CII war SEDOC unbekannt (1988) (SV mit der CII).

[81] S.o. dazu Teil B.III.4.

[82] Dazu s.o. Teil B.III.5.

[83] S.o. Fn. C/141, S. 19 Fn. 11.

5. LINGUA

Deutsch als Fremdsprache war in Irland[84] in der Vergangenheit nicht sehr beliebt[85], darf aber als der „Renner" der letzen Zeit bezeichnet werden. Es ist z.B. von einem „... nationwide gold-rush on German ...[86]" die Rede, oder: „... Goethe Institute ... university German departments ... being besieged by school principals looking for teachers of German in response to parental/pupil demand for the language ..."[87]. Dieses neue Interesse am Deutschlernen ist hauptsächlich auf die der steigende Bedeutung der Bundesrepublik als Zielland der Auswanderung – d.h. Arbeitsplätze – zurückzuführen[88]. Da das Interesse an der deutsche Sprache sich immer noch in der Anfangsphase befindet, wird es einige Zeit dauern, bevor sich ein „trickle-down"-Effekt des LINGUA-Programms zeigen lassen wird[89]. 1989 hat das (deutsche) Auswärtige Amt ein Gästeprogramm zum Thema „Förderung des Deutschunterrichts an irischen Schulen und Universitäten" (finanziell) unterstützt, wobei Fachleute (Bildungsministerium, Schulen, Universitäten und Fachhochschulen) aus Irland quer durch die Bundesrepublik gereist sind und sich einschlägig informiert haben[90].

6. Gegenseitige Anerkennung der Diplome

Dies konnte für irische Wanderarbeitnehmer in der Bundesrepublik von nicht unerheblicher Bedeutung sein. Iren fangen früh an, die Schule zu besuchen[91], außerdem gibt es keinen Wehrdienst; dies bedeutet, daß der irische Hochschulabsolvent sehr viel früher als sein deutscher Kommilitone sein Studium beendet[92]. Bei der Aufnahme einer Beschäftigung in der Bundes-

---

[84] Zum Vergleich mit anderen Mitgliedstaaten/Sprachen s.o. Fn. A/78, S. 97 (bezüglich Schüler).

[85] S.o. Fn. C/141, a.a.O.

[86] Schilderung des Präsident der Conference of University Teachers of German in Britain and Ireland in einem Leserbrief, Irish Times vom 25.9.1989.

[87] S.o. Fn. C/141, a.a.O.

[88] S.o. Fn. 7, a.a.O.

[89] S.o. Teil C.II.2.f. und B.III.6.

[90] Bericht liegt noch nicht vor (Schriftverkehr mit einem Teilnehmer, Januar 1990).

[91] In der Regel sind die Schulanfänger zwischen 4 und 5 Jahre alt.

[92] S.o. Fn. A/78 (*EG*), S. 99 (im Falle von Vollzeitunterricht bei Jugendlichen zwischen 15 und 24 Jahren; ebd. S. 100 im Falle von Schulbesuchsquoten bei 16-, 18-, 21- und 24-jährigen in der Gemeinschaft).

republik kann es sein, daß der 22-jährige irische Hochschulabsolvent in bezug auf die Entlohnung anders eingestuft wird als der ältere deutsche Kollege[93]. Dies mag keine absichtliche Diskriminierung auf Grund der Staatsangehörigkeit sein, sondern eine Bewertung des Arbeitgebers dem (irischen) Abschluß gegenüber – gleichgültig aus welchen Gründen –, denn er stuft seine neuen Mitarbeiter nach einem Plan ein, der vom *deutschen* Studiensystem geprägt wird[94]. Im Endeffekt kann sich dies insofern diskriminierend auswirken, daß nicht-deutsche – hier irische – Hochschulabsolventen – schlechter eingestuft werden. Ob es dabei um eine verschleierte Diskriminierung geht, wäre abzuwarten — in jedem Fall stellt die allgemeine Regelung einen Fortschritt dar[95].

7. Europa der Bürger? Zum Wahlrecht der Iren in der Bundesrepublik

Der (irische) Auswanderer ist weder in der Bundesrepublik[96] noch in Irland[97] wahlberechtigt; nur für die irischen Senatswahlen sind Hochschulabsolventen wahlberechtigt[98]. Da dies in erster Linie aus irischen Vorschriften resultiert[99], wäre es wenig sinnvoll, sich in die deutsche Debatte[100]

---

[93] Vgl. statt vieler *Elbracht*, in: Blick durch die Wirtschaft vom 3.1.1990, Nr. 2, S. 7: „... Während britische Studenten mit 23 Jahren, Franzosen mit 26 und Italiener ... mit 27 Jahren ihr Studium beenden, ist das Durchschnittsalter deutscher Studenten etwa 28 Jahre, wenn sie die Hochschule verlassen ...". Zu deutschen Studienzeiten vgl. *SBA*, Wirtschaft und Statistik, Heft 4/1989. Bezüglich Baden-Württemberg s.o. Fn. A/115 (*Staatsministerium*), Rdnr. 483 ff.

[94] Als Beispiel vgl. SIEMENS AG, Informationen für Ingenieure, Informatiker und Naturwissenschaftler: Siemens aktuell '86, S. 18. Hier wird das Bruttomonatseinkommen für Universitäts- und Fachhochschul-Absolventen dargestellt; beim Fachhochschulabsolvententen wird ein Alter (beim Aufnehmen einer Beschäftigung) von 25 Jahren, beim Universitäts-Absolventen ein Alter (beim Aufnehmen einer Beschäftigung) von knapp 28 Jahren angegeben. Der Fachhochschulabsolvent verdient weniger.

[95] S.o. Teil B.III.7.

[96] Allgemein dazu s.o. Fn. A/133 (*Schiedermair*), S. 446 ff.

[97] S.o. Teil A.V.3.a.cc.

[98] S.o. Fn. A/277.

[99] S.o. Fn. A/276-285.

[100] Vgl. statt vieler zu dieser Frage Fn. A/110 *Zuleeg*, a.a.O.; *ders.*, Streitpunkte, S. 13-20; *Peter M. Huber*, S. 531-536. Durch das Urteil des BVerfG vom 31.10.1990 (2 BvF 2/89 u.a., in: DÖV 1991, S. 67 ff.) ist das Thema endgültig entschieden.

einzumischen. Ein einheitliches Wahlsystem bei der Europa-Wahl, wobei der Auswanderer entweder im Aufnahmeland oder im Herkunftsland wahlberechtigt wäre, könnte freilich zum Konzept des „Europa der Bürger" beitragen[101].

Das „Volk"[102] ist bei der Wahlberechtigung in Irland nicht das entscheidende – wie in der Bundesrepublik –, sondern das An-Ort-und-Stelle-Sein[103].

IV. Die Diskrepanzen zwischen den Angaben bzw. zwischen den Angaben und den Behauptungen

Zu den Behauptungen, „es weilen viel mehr Iren in der Bundesrepublik, als in den Angaben zu den Staatsangehörigen angegeben werden"[104], kann mangels belegbarer untersuchungsfähiger Begründungen wenig gesagt werden. Wenn sich tatsächlich mehr Iren in der Bundesrepublik aufhalten, als die offiziellen Angaben zeigen – von den Angaben zu den beschäftigten Arbeitnehmer ganz zu schweigen –, läßt sich, abgesehen von irischen Ehepartnern anderer Nationalitäten oder Studenten, keine einfache Erklärung geben. Mögliche Erklärungen zu den Diskrepanzen zwischen den Angaben könnten sich u.a. aus folgenden Gründen ergeben, und zwar entweder allein oder kumuliert.

1. Das Ausländerzentralregister (AZR)

Das System der Auszählung des Ausländerzentralregisters beim Bundesverwaltungsamt, bei dem die Aufenthaltsdauer ohne Berücksichtigung von Aufenthaltsunterbrechungen als Differenz zwischen Auszählungsstichtag und

---

[101] S.o. Fn. B/184 (*Europäisches Parlament*); s.o. Fn. A/116, Rdnr. 425 ff.

[102] Trotz Bunreacht na hÉireann Art. 6. Vgl. *Bryde*, S. 257-262. Interessant ist hier die Bemerkung zur Verfassung Irlands (S. 259): „... Instruktiv ist z.B. die Verfassung der Republik (sic) Irland, die mit derselben traditionellen Formulierung wie das GG die Staatsgewalt vom Volk ausgehen läßt (Art. 6), gleichzeitig aber neben den Staatsangehörigen sonstigen vom Gesetzgeber bestimmte Personen zur Wahl zuläßt (Art. 16 I 2). Offensichtlich beeinträchtigt es dort die Souveränität des Volkes nicht, wenn durch seine legitimen Vertreter das Wahlrecht auf Ausländer ausgedehnt wird ...". Zur betreffenden Volksabstimmung s.o. Fn. A/289 und A/290.

[103] S.o. Fn. A/267, A/270 und A/271.

[104] Statt vieler s.o. Fn. 14.

Datum der ersten Einreise berechnet wird, bedeutet, daß die angegebene Aufenthaltsdauer mit der tatsächlichen Aufenthaltsdauer nicht unbedingt übereinstimmt. Darüber hinaus fehlt die Abmeldung bei der endgültigen Ausreise: So erscheint jemand als sich noch in der Bundesrepublik aufhaltend, auch wenn er tatsächlich nicht (mehr) in der Bundesrepublik ist[105]. Zudem wurden die AZR-Auszählungen infolge der Volkszählung 1987 korrigiert, d.h. um rund 14% verringert. Da irische Staatsangehörige bei der Volkszählung nicht gesondert erfaßt wurden, sondern in der Position „Übrige EG-Staaten" enthalten sind, wurden die durch Auszählung des AZR ermittelte Zahl der Iren für 1987-1989 ebenso wie bei den „Übrigen EG-Staaten" um 14% verringert[106]. Es handelt sich also um eine mathematische Kalkulation, die nicht unbedingt der tatsächlichen Anzahl der irischen Staatsangehörige in der Bundesrepublik entspricht.

2. Das Melderecht

Wandert der Ire in die Bundesrepublik ein, kommt er in den Anwendungsbereich des entsprechenden Meldegesetzes[107], es sei denn, er kommt in den Genuß der abweichenden Regelungen[108]. Angenommen, er meldet sich pflichtgemäß[109] an, stellt sich die Frage, ob er sich ebenfalls pflichtgemäß[110] (bei der endgültigen) Ausreise abmeldet. Auch wenn ihm seine

---

[105] Schriftverkehr mit dem SBA. S.o. Fn. A/111, S. 594-599. Zu diesem wohlbekannten Phänomen im allgemeinen, s. ebd.

[106] Schriftverkehr mit dem SBA. Zur Abweichung des Ausländerzentralregisters von der Volkszählung 1987 s.o. Fn. A/111, a.a.O.; zu den Ursachen der Überhöhung des AZR vgl. ebd.

[107] Das Melderechtsrahmengesetz (MRRG) vom 16. August 1980 (BGBl. I S. 1429, mit Novellierungen). Landesrechtliche Vorschriften: Baden-Württemberg – MeldeG vom 11.4.1983 (GBl. S. 117); Bayern – MeldeG vom 24.3.1983 (GVBl. S. 90); Berlin – MeldeG i.d.F. vom 26.2.1985 (GVBl. S. 507); Bremen – MeldeG vom 4.10. 1982 (GBl. S. 289); Hamburg – MeldeG vom 19.5.1982 (GVBl. S. 133); Hessen – MeldeG vom 14.6.1982 (GVBl. S. 126); Niedersachsen – MeldeG (NMG) vom 2.7. 1985 (GVBl. S. 192); Nordrhein-Westfalen – MeldeG NW vom 13.7.1982 (GVBl. S. 474, ber. GVBl. 1983 S. 188), geänd. durch G. vom 6.11.1984 (GVBl. S. 633); Rheinland-Pfalz – MeldeG vom 22.12.1982 (GVBl. S. 463); Saarland – MeldeG vom 14.12.1982 (ABl. 1983 S. 25); Schleswig-Holstein – LandesmeldeG (LMG) vom 4.6. 1985 (GVBl. S. 158).

[108] MRRG § 16 I.

[109] MRRG § 11 I.

[110] MRRG § 11 II.

Pflicht bekannt ist, ist es nicht unvorstellbar, daß – aus welchen Gründen auch immer – dieser Pflicht nicht nachgekommen wird. Eine andere Frage wäre, warum kumulativ der Wohnungsgeber seiner ebenfalls bestehenden Meldepflicht nicht nachkommt[111]. Dem statistischen Bundesamt ist nicht unbekannt, daß Ausländer sich nicht abmelden[112], und daß sie, obwohl sie nicht mehr in der Bundesrepublik wohnhaft sind, als „Karteileichen" weiter gezählt werden[113].

3. Die Erhebungsdaten

Ein genauer Vergleich des Verhältnisses von Staatsangehörigen und Arbeitnehmern läßt sich nicht durchführen, denn die Erhebungsdaten sind nicht einheitlich. Die wichtigsten in Betracht kommenden Erhebungsdaten sind:

- Irische Staatsangehörige bis 1984 in den Bundesländern: 30. September;
- Irische Staatsangehörige 1985-1989 in den Bundesländern: 31. Dezember;
- Irische Arbeitskräfte je Bundesland: 30. Juni;
- Ausländer/ausländische Arbeitskräfte im Bundesgebiet (1957-60): 31. Juli;
- Ausländer/ausländische Arbeitskräfte im Bundesgebiet (1962/63): 31. Mai;
- Ausländer/ausländische Arbeitskräfte im Bundesgebiete 1982: 31. März;
- Volkszählung 1987: 25. Mai;
- Kindergeldberechtigte: „Ende des Jahres";
- Arbeitslose: 30. September.

Im übrigen wurden die Angaben über die irischen Staatsangehörigen in den Jahren 1976-1979 sowie im Jahre 1986 aufgerundet, während die Angaben für 1972-1974 über alle Ausländer bzw. ausländischen Arbeitskräfte im Bundesgebiet aus einem Durchschnittswert (2 Halbjahre) bestehen.

4. Semesterferien in Irland

Erwähnenswert ist hier die Tatsache, daß sich die Sommerferien für Universitäten, Hochschulen, „Fachhochschulen" (und dergleichen) in Irland von Mitte Mai bis Mitte Oktober erstrecken. Die Sommerferien für die „post-primary schools" erstrecken sich von Anfang bzw. Ende Juni bis Anfang

[111] MRRG § 11 III.

[112] S.o. Fn. A/111, a.a.O.

[113] S.o. Fn. A/111, a.a.O.

September. Schüler bzw. Studenten, die demnach Sommer-Jobs in Deutschland suchen und finden und sich demzufolge pflichtgemäß an-/abmelden, können beispielsweise in einige Angaben einbezogen sein, aber nicht in andere, oder sie können in beide einbezogen sein. Beispiel: Obwohl sie nicht mehr in Deutschland als versicherungspflichtige Beschäftigte tätig sind, können sie immer noch als gemeldete Staatsangehörige einbezogen sein.

5. Schwarzarbeit

Eine weitere Überlegung wäre, daß viele Iren in der Bundesrepublik schwarz arbeiten, denn Schwarzarbeit ist kein unbekanntes Phänomen[114]. Aber es ist schwer zu glauben, daß die Zahl irischer Schwarzarbeiter zu versicherungspflichtig beschäftigten Arbeitnehmern sehr groß sein könnte. Wenn es um Schwarzarbeit geht, stellt sich die Frage nach ihrem Grund, gerade angesichts des Rechts der irischen Arbeitnehmer auf Freizügigkeit innerhalb der Gemeinschaft. Könnte es sein, daß sie über ihre Rechte nicht informiert sind? Wenn nicht, bedeutet dies dann, daß bei der Überlegung, in die Bundesrepublik auszuwandern, die Frage des Rechts darauf keine Rolle spielt? Darüber hinaus ergibt sich die Frage, wie sich Schwarzarbeit mit der Behauptung vereinbart, daß es im Verhältnis Irland–Bundesrepublik um einen „Brain-Drain“[115] geht. Mangels einer gezielten Untersuchung muß das Problem bei der bloßen Fragestellung verharren.

V. Umfrageergebnisse

1. Fragebogen

Es wurden insgesamt 292 Versendungen vorgenommen, davon 174 unmittelbar (an Iren) und 118 mittelbar (via Vereine, Kneipen, Firmen etc.). Dies entsprach nicht der Zahl der Fragebögen. Es wurden unterschiedliche Zahlen von Fragebögen verschickt. Einige Adressaten berichteten, daß sie den Fragebogen fotokopiert und weiter verteilt haben. Es hätte deswegen keinen Sinn, von einem „Prozentsatz“ der Rücksendungen zu sprechen. 176

[114] Statt vieler s.o. Fn. A/78, S. 66 ff; SA Nr. 2857/87 ABl. C 195/31.7.1989, S. 10 (bezüglich der EWG); s.o. Fn. B/5, S. 134; s.o. Fn. A/109, S. 63. Vgl. auch Gesetz zur Bekämpfung der illegalen Beschäftigung (BillBG), BGBl. I S. 1390; Gesetz zur Konsolidierung der Arbeitsförderung (AFKG), BGBl. I S. 1497; s.o. Fn. A/133 (*Becker/Braasch*), Rdnr. 239 f. (bezüglich der Bundesrepublik).

[115] S.o. Fn. A/243.

Fragebogen wurden ausgefüllt und zurückgeschickt; 172 konnten berücksichtigt werden. Eine Teilnehmerin war nicht während der Stichwoche in der Bundesrepublik, ein Teilnehmer ist kein Ire, obwohl in Irland wohnhaft (mit zweiten Wohnsitz in Deutschland), und zwei Teilnehmer hatten sich einbürgern lassen. Die ausgefüllten Fragebogen wurden zwischen März und November 1988 zurückgeschickt. Das methodische Verfahren ist in Anhang Nr. 15 dargestellt.

2. Bundesländer

Land	Fragebogen[116]	Beschäftigte[117]
Baden-Württemberg	73 (+1)	285
Bayern	35 (+1)	493
Berlin	2	119
Bremen	1	9
Hamburg	5	57
Hessen	22 (+1)	338
Niedersachsen	3	63
Nordrhein-Westfalen	24	272
Rheinland-Pfalz	4 (+1)	49
Saarland	2	3
Schleswig-Holstein	1	19

3. Überblick zum Fragebogen

1. Arrival date in Germany * .... Home county * ....
2. Resident in Bundesland (State) * .... Since * .....
3. Male **98**/Female **78** .. Married **53**/Single **117**/Other **6** ... year of birth **
4. Number of children under 18 **47** (:29 Antwortender Elternteil) ....
5. Educational background: + Group ... Intermediate **9** .... Leaving **44** .. 3rd level **119** .... Trade **23** .... Professional **4** ....
6. Purpose of moving to Germany: to take up work **94** .... look for work **43** set up business **1** ..... study **26** .... other **12** ....
7. If to take up work, were you recruited in Ireland **82** .... Germany **68** .. Other **11**Keine Angaben **1** Schweiz .. **1** USA ..... **1** Italien .... **12** UK

[116] Gemeint sind ausgefüllte Fragebogen.

[117] Versicherungspflichtig beschäftigte irische Arbeitnehmer im jeweiligen Land am 30.6.1988; Quelle: SJB.

8. If recruited in IRELAND was it by: (please tick) ....
   - GERMAN company advertisement in Irish paper **4** ....
   - GERMAN company recruitment via 3rd level college **17** ....
   - advertisement in GERMAN paper (to which you replied) **2** ....
   - transfer from GERMAN company (in Ireland) **3** ....
   - transfer from IRISH company (in Ireland) **14** ....
   - blind application to GERMAN company of your choice **9** ....
   - blind application to private GERMAN employment agency ....
   - application to Zentralstelle für Arbeitsvermittlung der Bundesanstalt für Arbeit ....
   - Irish state agency (AnCO / CERT / FAS etc.) – please specify which **16** .... (AnCO **11**; FAS **2**; CDG **1**; Dept. of Ed. **1**) ....
   - Irish MANPOWER office **3** ...... together with EEC SEDOC system ..
   - word of mouth **7** ....
   - other **20** (incl. 4 englische / 1 amerik. Zeitung) ....
9. If recruited in GERMANY was it by: (please tick)
   - advertisement in GERMAN paper **17** ....
   - blind application to GERMAN company of your choice **23** ....
   - blind application to private GERMAN employment agency ....
   - application to Zentralstelle für Arbeitsvermittlung der Bundesanstalt für Arbeit **1** ....
   - ARBEITSAMT **5** ....
   - word of mouth **17** ....
   - other **5** ....
10. Have you heard of SEDOC – the EEC system for coordination of information between national employment offices? **19** ....
11. If yes, any comment as to efficacy * ....
12. What is your present occupation * ....
13. Where did you learn German? **Irland 71, Deutschland 92, ? 3** ....
14. Have you ever had problems with bureaucracy in GERMANY? * ....
15. Any general comments you'd care to make * ....

\+ bezüglich Educational Background – in manchen Fällen wurden mehrere Möglichkeiten angekreuzt – deswegen sind mehr als 172 insgesamt gezeigt – es wurde sonst den höchsten erreichten Standard in die Endkalkulationen einbezogen.

* Diese werden ausführlich dargestellt – s. unten.

4. Ausgewählte Fragen / Antworten

a) Herkunft

Carlow *0* / Cavan *3* / Clare *4* / Cork *14* / Donegal *3* / Dublin *61* / Galway *7* / Kerry *1* / Kildare *4* / Kilkenny 2 / Laois *1* / Leitrim *1* / Limerick *6* / Longford *1* / Louth *2* / Mayo *3* / Meath *2* / Monaghan *1* / Offaly *0* / Roscommon *0* / Sligo *1* / Tipperary *5* / Waterford *5* / Westmeath *2* / Wexford *4* / Wicklow *4* / „Irland" *24* / Keine Angaben *2*;

Nordirland[118] – ohne Grafschaft *1*; Antrim 2 / Armagh 1 / Down 2 / Derry 1 / Fermanagh 1 / Tyrone 1.

b) SEDOC

Unter den Antwortenden waren 19, die angegeben haben, in unterschiedlicher Weise mit dem SEDOC-System vertraut zu sein. Die Bemerkungen dazu schließen wie folgt: „quite good" / „very good for students" / „very efficient for summer work" / „excellent opportunity scheme" / „good but exploitation" / „heard of it through profession (IHK)" / „thought it operated only between Ireland and the UK" / „heard about it in London" / „feel it is unrealistic given the length of time before decisions can be made on both sides" / „feel it only helps the strongest – i.e. those who would succeed without SEDOC anyway – because of their qualifications" / „(tried 1982) – not effective – not tuned into German requirements" / „recognise the initials"; die anderen 7 Teilnehmer hatten keine Bemerkungen dazu.

c) Probleme mit der Bürokratie in Deutschland?

aa) Keine Probleme

75 Antwortende hatten keine Probleme mit der Bürokratie; darüber hinaus haben sich 8 sehr positiv gegenüber der Bundesrepublik geäußert.

bb) Allgemein

Eine allgemeine Enttäuschung zum Thema Bürokratie haben die Mehrzahl der Antwortenden geäußert; im Grunde wird die deutsche Bürokratie der irischen Bürokratie gegenüber als überwältigend gesehen, denn in Irland hat man z.B. keine Meldepflicht; viele geben aber zu, daß die Deutschen auch sehr darunter leiden, m.a.W. es wird keine Ausländerfeindlichkeit angenommen. Erwähnte allgemeine Problembereiche waren: Führerschein (Tausch), Banken-System, Krankenkasse, Meldepflicht, Autozulassung, Einstufung der Schadensfreiheitsklasse bei Auto-Versicherung, Wohnungssuche und Steuer-System, einschließlich der damit zusammenhängenden Probleme von Ferien-Arbeitnehmern und Kleinverdienern.

---

[118] Zum Irish Nationality and Citizenship Act, 1956 und insbesondere s. 6. s.o. Fn. A/259 (*Kelly*), S. 36 ff.

cc) Besonderes

Dem deutschen Beamtentum ist z.T. unbekannt, daß Irland EWG-Mitgliedstaat ist; dies mit unterschiedlichen Konzequenzen, hauptsächlich bei der Erteilung der Aufenthaltserlaubnis. Dieses Problem ist 10 Antwortenden begegnet: 1976 (Baden-Württemberg), 1981 (Baden-Württemberg), 1984 (Baden-Württemberg), 1984 (Baden-Württemberg), 1985 (Bayern), 1985 (Hessen), 1986 (Baden-Württemberg), 1986 (Nordrhein-Westfalen), 1987 (Baden-Württemberg), 1987 (Rheinland-Pfalz).

dd) Einreise – Ausreise – Aufenthalt

Bei der Ein-/Ausreise haben 7 Antwortende[119] (Baden-Württemberg 4 x, Bayern 3 x) mitgeteilt, daß die Vorlage der *Aufenthaltserlaubnis* verlangt wurde, auch wenn ein gültiger Paß vorgelegt wurde[120].

---

[119] Außerhalb der Umfrage ist diese Erfahrung auch berichtet worden.

[120] Durch Schriftverkehr mit dem Bundesministerium des Innern zur Frage, ob ein EWG-Ausländer verpflichtet sei, die Aufenthaltserlaubnis – erstens – bei der Einreise vorzulegen und – zweitens – immer mit sich zu führen, wurde mitgeteilt: wenn im „Einzelfall der konkrete Verdacht besteht, daß eine Ordnungswidrigkeit nach § 12a Abs. 1 Nr. 2 AufenthG/EWG vorliegt, weil der Ausländer es unterlassen hat, sich eine erforderliche Aufenthaltserlaubnis nach erfolgter Einreise zu beschaffen ..., haben (gem. § 53 Abs. 1 des OWiG) die Beamten der Grenzpolizei nach pflichtgemäßem Ermessen Ordnungswidrigkeiten zu erforschen und alle zur Aufklärung unaufschiebbaren Anordnungen zu treffen; in diesem Zusammenhang sind sie auch berechtigt, nach der gültigen Aufenthaltserlaubnis zu fragen ... Wenn ein EG-Staatsangehöriger eine gültige Aufenthaltserlaubnis besitzt, sie aber bei der Ein- oder Ausreise nicht mit sich führt, hat dies rechtlich keine Konsequenzen ... Lediglich in tatsächlicher Hinsicht kann sich für den Reisenden ein Zeitverlust ergeben, wenn er sich aufgrund konkreter Anhaltspunkte verdächtig macht, die erforderliche Aufenthaltserlaubnis nicht zu besitzen, und diesen Verdacht nicht durch Vorzeigen der Aufenthaltserlaubnis sofort ausräumen kann. In diesem Fall mußte der Reisende warten, bis der Grenzbeamte die entsprechende Auskunft eingeholt hat." Die Frage hier wäre, was als Grund für einen konkreten Verdacht einer Ordnungswidrigkeit dienen könnte. Wäre es möglich, daß der jeweilige Grenzbeamte mit den EWG-Vorschriften nicht vertraut war? Zur Grenzkontrolle der Aufenthaltserlaubnis vgl. EuGH, Rs. 321/87 (Urteil vom 27.4.1989, noch unveröffentlicht).

ee) Aufenthaltserlaubnis

In zwei Fällen wurden Aufenthaltserlaubnisse für 4 und nicht die beantragten 5 Jahre erteilt (Baden-Württemberg 1985); in den gleichen Fällen wurde eine befristete Bescheinigung von der zuständigen Ausländerbehörde in den Reisepaß eingestempelt, die nach der Erteilung der Aufenthaltserlaubnis als ungültig gestempelt wurde[121]. – Bei einer Verlängerung mußte der Behörde das Einkommen mitgeteilt werden, bevor die Verlängerung erteilt wurde (Hessen 1974). – Wegen eines Zeitvertrages wurde die Aufenthaltserlaubnis nur dem Zeitraum des Vertrags gemäß erteilt, obwohl der Antragssteller die Absicht hatte, sich länger in der Bundesrepublik aufzuhalten und nach einer anderen Beschäftigung zu suchen[122]. – Obwohl sie sich in der Bundesrepublik nur wegen Ferien-Arbeit[123] aufhielten, mußten einige Studenten Aufenthaltserlaubnisse beantragen.

Eine Art „Teufelskreis" wurde berichtet (Bayern 1985; Baden-Württemberg 1986), wobei den Antwortenden keine Aufenthaltserlaubnis erteilt wurde, weil sie (noch) arbeitslos[124] waren; sie hatten daher Schwierigkeiten, eine Beschäftigung zu finden — sie hatten ja keine Aufenthaltserlaubnis.

In mehreren Fällen (17) wurde die Aufenthaltserlaubnis als Problem bezeichnet, ohne Einzelheiten dazu anzugeben.

ff) Anerkennung der Diplome

Dies wurde von 3 Hochschulabsolventen erwähnt, hauptsächlich im Bereich Ingenieur-Informatik — sie wurden von „Universitäts"-Niveau auf FHS-Ebene heruntergestuft, ihrer Meinung nach wegen des Alters.

Mit zwei Ausnahmen – daß das irische „Leaving Certificate" nicht als Abitur anerkannt wird, und daß der Abschluß für das Lehramt nicht anerkannt wurde – gingen hier keine Beschwerden ein.

---

[121] Bei einer Erkundigung wurde mitgeteilt, diese Bescheinigung solle als Beweis für das Beantragen der Aufenthaltserlaubnis dienen, AuslG § 21 III. Es scheint also nicht üblich zu sein, eine solche Bescheinigung in den Reisepaß zu stempeln. Zu den „Variationen" bei der Durchführung des AuslG unter den Bundesländern (innerhalb des jeweiligen Bundeslandes?) vgl. *Nolte*, S. 757.

[122] Es ist nicht klar, welche Gültigkeitsdauer beantragt wurde und ob AufenthG/EWG § 3 II in Frage kam.

[123] Der genaue Zeitraum wurde nicht mitgeteilt.

[124] Weil sie die Voraussetzung AufenthG/EWG § 3 I nicht erfüllten.

gg) Wahlrecht

Zwei Antwortende haben sich streng darüber beschwert, daß sie in der Bundesrepublik nicht wahlberechtigt sind: „No Taxation without Representation“, lautet ihr Motto. Die irischen Vorschriften wurden nicht angesprochen.

hh) Öffentlicher Dienst

Obwohl nicht als Beschwerden eingereicht, haben zwei Antwortende gemeldet, daß sie sich hätten einbürgern lassen müssen, da sie im Öffentlichen Dienst tätig waren / tätig sein wollten (Apotheker und Hochschullehrer). In beiden Fällen hatten sie die Absicht, ihr Leben in Deutschland zu verbringen.

ii) Andere

Das Standesamt (Baden-Württemberg 1984) hat eine Einkommens-Bestätigung vor der Trauung verlangt.

d) Aufenthaltsdauer

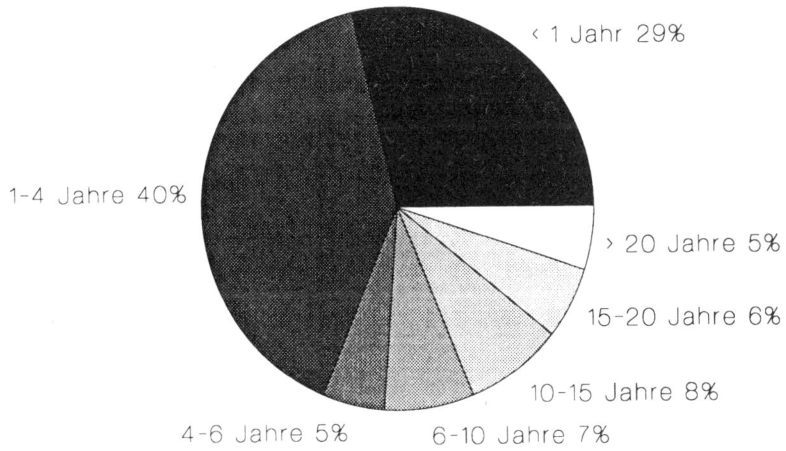

e) Alterstruktur

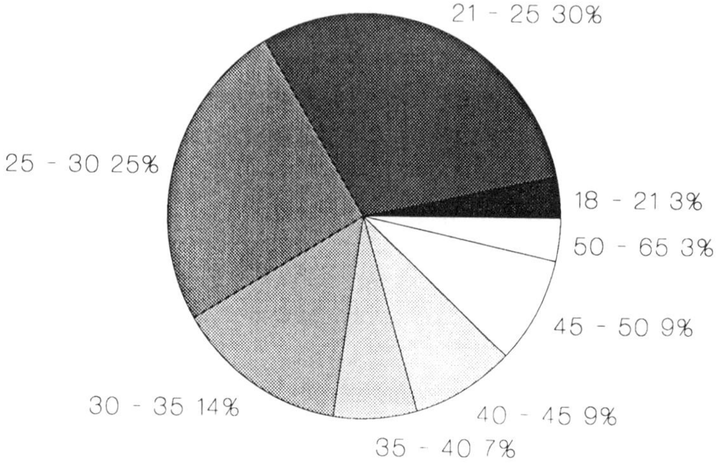

f) Wirtschaftszweige

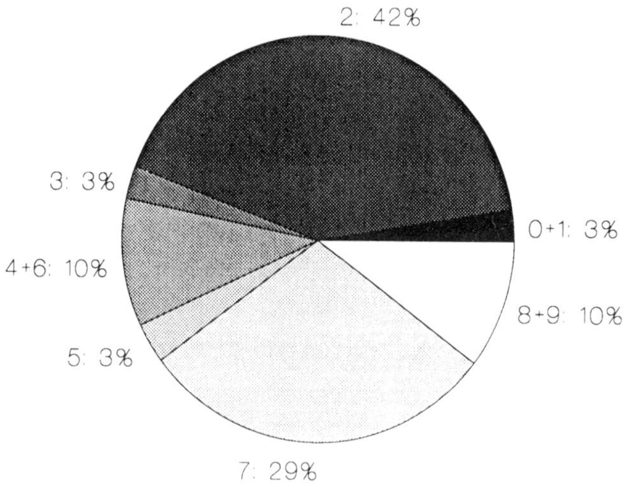

Unter den Teilnehmern waren im übrigen: 3 Arbeitslose (ohne weitere Angaben), 5 Studenten und 2 ohne Angaben; 5 Hausfrauen und Mütter, vier davon mit Deutschen verheiratet.

Die Systematik der Wirtschaftszweige (Fassung für die Berufszählung 1970) der BAA diente als Ausgangspunkt für die in Frage kommenden Wirtschaftszweige; da nur nach dem Beruf und nicht nach dem jeweiligen Wirtschaftszweig gefragt wurde, mußte dieser (z.B. bei Sekretären) in einigen Fällen geschätzt werden[125].

5. Bemerkungen zu den Umfrage-Ergebnissen

a) Allgemein

Da die Umfrage nicht unter belegbaren bzw. reproduzierbaren wissenschaftlichen[126] Bedingungen durchgeführt werden konnte, sind die Angaben zum persönlichen, familiären, bildungsmäßigen und beruflichen Hintergrund der Befragten von allgemeinem Interesse, ohne daß ihnen besondere Aufmerksamkeit gewidmet werden darf. Dazu kann man sagen, daß die Angaben über die Herkunfts-Grafschaften (in Irland) nicht besonders stark von der Bevölkerungsdichte des Landes abweichen, während das allgemeine Bildungsniveau relativ hoch und das durchschnittliche Alter niedrig ist. Beruflich gesehen zeigt sich ein breites Spektrum; überwiegend sind indes Höherqualifizierte vertreten. Die Antworten stammen aus allen Bundesländern, aber nicht unbedingt im Verhältnis zur Anzahl der sich dort aufhaltenden Beschäftigten oder Staatsangehörigen. Die meisten halten sich für weniger als vier Jahre in der Bundesrepublik auf.

b) Sprachkenntnisse

Nicht uninteressant sind die Antworten zur Frage der Deutschkenntnisse. Obwohl Deutsch als Fremdsprache in der Vergangenheit in Irland nicht sehr beliebt war, haben 71 (= ca. 40%) Deutsch in Irland gelernt. Ob diese Kenntnisse schulisch oder beruflich erworben wurden, ist nicht klar; auf jeden Fall

---

[125] Schlüssel der Wirtschaftszweige (zu Umfrage 1988): 0 = Land- und Forstwirtschaft, Tierhaltung, Fischerei; 1 = Energiewirtschaft und Wasserversorgung, Bergbau; 2 = Verarbeitendes Gewerbe (ohne Baugewerbe); 3 = Baugewerbe; 4 = Handel; 5 = Verkehr und Nachrichtenübermittlung; 6 = Kreditinstitute und Versicherungsgewerbe; 7 = Dienstleistungen A.N.G.; 8 = Organisationen ohne Erwerbscharakter und private Haushalte; 9 = Gebietskörperschaften und Sozialversicherung.

[126] Zu einer Umfrage im April 1988 unter Iren im Raum Paris vgl. *MacEinri*, in *Mulholland / Keogh* (Hrsg.), S. 58-80.

sind die Zahlen im Vergleich zur allgemeinen Zahl derjenigen, die Deutsch als Schulfach bzw. an der Universität erlernt haben, ziemlich hoch[127].

c) Zielland

Eine nicht unbeachtliche Anzahl (26) ist von einem anderen Land als Irland ausgewandert; d.h. die Teilnehmer haben einen Zwischenaufenthalt eingeschoben, haben also jetzt ein anderes Zielland als seinerzeit beim Verlassen Irlands. Darüber hinaus dient dies als Beweis für die Anziehungskraft der deutschen Wirtschaft[128].

d) Arbeitsvermittlung

Die Antworten zu den Arbeitsvermittlungsfragen zeigen, daß die Mehrzahl (94) bereits eine Stelle hatte, bevor sie in die Bundesrepublik umgezogen war; gleichwohl ist eine nicht unerhebliche Anzahl (43) in die Bundesrepublik eingereist, eben um Arbeit erst zu suchen. Die Arbeitsvermittlungen sind fast ausschließlich auf informelle Weise erfolgt; keiner wurde durch SEDOC vermittelt, während 19 dank staatlicher Hilfe (irischer Seite) in der Bundesrepublik sind; weder der ZAV (1) noch den Arbeitsämtern (5) wurde eine große Rolle zugewiesen[129]. SEDOC wurde 19 Antwortenden bekannt und unterschiedlich bewertet. Abgesehen davon, daß es langsam funktioniert, hatte man den Eindruck, es handelte sich dabei eher um die Vermittlung von „Sommer-Jobs" als um den Arbeitsmarkt insgesamt.

e) Probleme bei der Inanspruchnahme des Rechts der Arbeitnehmer auf Freizügigkeit innerhalb der EWG

Allgemein kann zu den Ergebnissen gesagt werden, daß die meisten der Antwortenden in der Bundesrepublik zurechtkommen, obwohl viele dies als Zwischenaufenthalt betrachten. Einige waren von der Ordnung, dem Leben und der Auswahl der Stellenangebote in der Bundesrepublik sehr begeistert. Auf der anderen Seite wurde die deutsche Bürokratie im Vergleich zur irischen Bürokratie als überwältigend bewertet. Einigen waren ihr Status als

---

[127] Zur Frage der Deutschkenntnisse im allgemeinen in Irland s.o. Fn. C/142.

[128] S.o. Teil A.V.2.d.bb (Auswanderer und ihre [endgültigen] Zielländer).

[129] S.o. Teil B.III.1. und C.II.2.a.

E(W)G-Bürger bekannt; dies kam in Zusammenhang mit der Enttäuschung über die deutsche Bürokratie zum Ausdruck. Die spezifischen Probleme, die im Hinblick auf die Ausübung des Rechts auf Freizügigkeit zum Ausdruck gekommen sind (cc-ee), weisen auf einen Informationsbedarf in manchen (5) Bundesländern bezüglich der EWG-Mitgliedschaft Irlands hin. Das Verlangen der Aufenthaltserlaubnis zusätzlich zu dem vorgelegten gültigten Reisepaß bei der Ein- / Ausreise (dd) könnte erhebliche Probleme verursachen für diejenigen, die eine Aufenthaltserlaubnis besitzen, obwohl sie sie nicht bei sich führen — dies wird eben rechtlich nicht gefordert. Es könnte überdies der Verdacht entstehen, daß einigen Grenzbeamten Irlands EWG-Mitgliedschaft unbekannt ist. Schließlich besteht anscheinend ein großer Bedarf an Informationen über das Leben, über die Pflichten und Rechte der Menschen in der Bundesrepublik. Einige haben sich Mühe gegeben und danach erkundigt. Für die meisten handelte es sich dabei hauptsächlich darum, die richtige Informationsquelle zu finden — wo fängt man an, lautete die Frage. Eine Kontaktstelle in Deutschland wäre daher zu begrüßen.

E. Schlußfolgerungen

1. Die Haltung zum Recht der Arbeitnehmer auf Freizügigkeit

a) In der Vorbeitrittsphase

aa) Trotz der Auswanderung als eines festen Phänomens in der Geschichte Irlands erweckte bei der irischen Regierung die Frage der Freizügigkeit der Arbeitnehmer innerhalb der Gemeinschaft während der beiden Vorbeitrittsphasen kaum Interesse. Die mit dem Beitritt verbundene Erwartung konzentrierte sich eher auf einen Rückgang der Arbeitslosigkeit und der damit verbundenen Auswanderung. Gäbe es das Phänomen Auswanderung weiterhin, würde Großbritannien traditionell das Hauptzielland bleiben: man könnte sich schwer vorstellen, daß viele Iren das Festland betreten würden.

bb) Unter Wissenschaftlern ist auf der einen Seite die Haltung der Regierung als „insular" kritisiert worden, angesichts der damaligen Altersstruktur sowohl in Irland als auch in den anderen Mitgliedstaaten – also eventuellen Aufnahmeländern. Auf der anderen Seite wurde die Freizügigkeit angesichts der traurigen Rolle der Auswanderung in der Geschichte Irlands nicht unbedingt willkommen geheißen.

cc) In der Opposition äußerte man sich kritisch zur Frage der Freizügigkeit; man hielt sie für Euphemismus, denn Auswanderung bliebe Auswanderung, egal wie sie genannt werde. Nach achtzehn Jahre EWG-Mitgliedschaft ist diese Meinung wieder zum Ausdruck gekommen.

dd) Freizügigkeit in die andere Richtung – *nach* Irland – wurde nicht erwartet, obwohl vorsichtshalber eine Übergangszeit beantragt und genehmigt wurde. Die Anzahl ausländischer Arbeitnehmer in Irland entspricht dieser Erwartung, denn sie ist sehr gering (Anhang Nr. 10).

b) Heute

aa) Mittlerweile läßt sich eine Änderung in der Haltung der irischen Regierung zur Auswanderung, einschließlich der E(W)G-Freizügigkeit der Arbeitnehmer, erkennen, obwohl – angesichts des Schuldgefühls in Irland gegenüber der Frage der Auswanderung und ihrer Rolle in der Geschichte – die Äußerungen dazu vorsichtig formuliert werden; z.B.:

„...The Government's view is that as long as significant numbers are interested in seeking work abroad they are entitled to receive the best possible information and advice to enable them to make an informed choice and to make a satisfactory and successful transition to the destination of their choice. Indeed, under the EC regulations on free movement of workers we are obliged to provide information and advisory services in line with the Community's policy to promote labour mobility..."

M.a.W.: Die Entscheidung wird von den Auswanderungswilligen selbst getroffen; außerdem sei die Regierung verpflichtet, der EG-Politik zur Förderung der Arbeitskräftemobilität zu folgen. Gleichzeitig mit diesen vorsichtigen Äußerungen wurden Maßnahmen getroffen, damit das SEDOC-System (in Irland) leistungsfähiger wurde; so wurden der irischen SEDOC-Abteilung mehr Mittel zugesagt.

bb) Das Schuldgefühl in Irland gegenüber der Auswanderung führt dazu, daß unter der Bevölkerung die EWG-Freizügigkeit nicht unbedingt positiv bewertet wird: von europäischer Integration ist in diesem Zusammenhang kaum die Rede. Versucht man, Arbeitskräftebewegungen als Teil des europäischen Integrationsprozesses zu betrachten, von denen alle gegenseitig profitieren, wird dies als Verrat gesehen; dies haben diejenigen Politiker bereits erfahren, die diesen Gedanken zum Ausdruck gebracht haben, denn – worauf oben bereits hingewiesen wurde – Auswanderung bliebe Auswanderung, auch wenn sie EWG-Freizügigkeit genannt werde.

cc) Unter den Wissenschaftlern wird jedoch die Auffassung vertreten, es könnte im allgemeinen infolge der Vollendung des Binnenmarkts zu einer intensiveren ökonomischen Integration kommen und damit zu einer Veränderung bei den Arbeitskräftebewegungen sowohl zahlen- als auch bildungsniveaumäßig; ja es könnte sogar zur aktiven Förderung der Mobilität kommen. In beiden Fällen wären weitere entsprechende Maßnahmen nötig.

2. Iren in der Bundesrepublik

a) Bedeutungszuwachs der Bundesrepublik für Iren

aa) Vor dem Beitritt

Zufälligerweise trat Irland der EWG im Jahre 1973 bei, als gleichzeitig die Entscheidung von der Bundesregierung getroffen wurde, „bis auf Widerruf keine ausländischen Arbeitskräfte mehr ins Land zu vermitteln". Trotz deutscher Anwerbekommissionen in verschiedenen Ländern und gleichzeitig hoher irischer Auswanderung hatte es nie eine deutsche Anwerbekommission in Irland gegeben, obwohl ein (gegenseitiges) Gastarbeitnehmerabkommen in

Kraft trat. Die davon betroffene Anzahl blieb gering. Es ergibt sich hier die Frage, warum nicht versucht wurde, irische Arbeitskräfte in die Bundesrepublik zu vermitteln.

bb) Nach dem Beitritt

Trotz der Erwartungen vor dem Beitritt nehmen weder Arbeitslosigkeit noch Auswanderung ab. Ganz im Gegenteil: die Zahl der Betroffenen steigt weiter. Auswanderung und Aufnahmeländer werden immer mehr zum Thema. Obwohl die traditionellen Zielländer – wie erwartet Großbritannien und die Vereinigten Staaten – für die überwiegende Mehrheit der Auswanderer in Frage kommen, läßt sich ein Interesse an Europa und insbesondere an der Bundesrepublik feststellen. Dieses Interesse findet seinen Niederschlag sowohl in der Bevölkerung als auch bei den Politikern.

b) Gründe für das steigende Interesse

Das steigende Interesse an der Bundesrepublik ist hauptsächlich auf zwei Gründe zurückzuführen.

aa) Der eine ist die vermutete ökonomische Lage; m.a.W. der deutsche Arbeitsmarkt hat angeblich einen Überfluß an Angeboten, der durch die vorhandenen (gut ausgebildeten) irischen Arbeitnehmer ausgeglichen werden könnte. Diese Behauptung nimmt weder Rücksicht auf die regionalen noch auf die sektoralen Unterschiede im deutschen Arbeitsmarkt — sie ist eine rein zahlenmäßige Behauptung. Es ist auch daran zu erinnern, daß nach Meinung der ZAV – obwohl von allen Seiten versucht wird, Iren in die Bundesrepublik zu vermitteln – nur wenige tatsächliche Vermittlungen zustandekämen, weil insbesondere die sprachlichen, mitunter auch die beruflichen Voraussetzungen für eine Tätigkeit auf dem Fachkräfteniveau nicht ausreichten.

bb) Der andere Grund ist die Altersstruktur in den beiden Ländern. Beide zusammen bilden eine Medaille — auf der einen Seite eine junge Bevölkerung (Irland), auf der anderen Seite eine alternde Bevölkerung (Bundesrepublik). Demzufolge ist von einem zukünftigen Bedarf an Arbeitskräften (in der Bundesrepublik) die Rede.

Das Erscheinungsbild dieser Medaille scheint sich aber zu ändern, denn in der Bundesrepublik wird durch den Wandel im Osten Deutschlands eine Änderung in der Altersstruktur eines vereinigten Deutschlands erwartet, während in Irland die neuesten Angaben eher auf eine alternde Bevölkerung hinweisen. Diese geänderten Erwartungen in beiden Ländern dienen als Beweis dafür, daß in Fragen der Demographie Vorsicht geboten ist.

cc) Vom Recht der Arbeitnehmer auf Freizügigkeit und den damit verbundenen Vorteilen als Gründe für das steigende Interesse an der Bundesrepublik als Zielland ist nicht die Rede.

c) Iren in der Bundesrepublik

Wie aus den Angaben des SBA und der BAA zu entnehmen ist, sind irische Arbeitnehmer seit vielen Jahren – in allen Bundesländern einschließlich Berlins – und in verschiedenen Wirtschaftszweigen beschäftigt. Dies war schon vor dem Beitritt der Fall.

aa) Irische Staatsangehörige

Die Zahlen zu den irischen Staatsangehörigen in der Bundesrepublik zeigen eine steil ansteigende Tendenz. Hier hat sich die Anzahl seit dem Beitritt vervierfacht, allerdings im Verhältnis zu den anderen Ausländern ist sie ziemlich gering, und im Vergleich zu den Zahlen der Iren u.a. in Großbritannien oder den Vereinigten Staaten ist sie sogar sehr klein.

bb) Beschäftigte

Unter den Beschäftigten steigt die Zahl etwas langsamer als unter den irischen Staatsangehörigen. Vor dem Beitritt war die Tendenz ihrerseits allmählich steigend; obwohl sich seit dem Beitritt die Zahl mehr als verdoppelt hat, bleibt sie absolut immer noch sehr gering.

cc) Kindergeldberechtigte

Die Anzahl der Kindergeldberechtigten steigt ebenfalls allmählich; immerhin hat sie sich seit 1975 mehr als verdreifacht.

dd) Arbeitslose

Ganz merkwürdig sind die Angaben zu den Arbeitslosen. Gleichzeitig mit dem Beitritt ging die Anzahl der Arbeitslosen bergauf; im Jahr 1972 waren es 2; im Jahre 1973 18, und im Jahre 1988 ist sie sogar bis auf 466 gestiegen. 1989 war jedoch einen erheblicher Rückgang zu erkennen, der sich 1990 fortsetzte. Es ist unklar, ob die hier Betroffenen bereits in Irland arbeitslos waren oder ob sie nach einer Tätigkeit in der Bundesrepublik arbeitslos geworden sind. Ganz klar ist hingegen, daß im Vergleich zu den Beschäftigten die Anzahl der Arbeitslosen ziemlich hoch ist.

ee) Diskrepanzen

Es besteht eine Diskrepanz in den Angaben des SBA bzw. BAA zwischen der Zahl der Staatsangehörigen und der der versicherungspflichtig beschäftigten Arbeitnehmern, insofern als das sog. „Abhängigkeitsverhältnis" ziemlich hoch scheint. Die Frage ist: wie läßt sich dies erklären?

Irische Staatsangehörige sind bei der Volkszählung 1987 nicht gesondert erfaßt worden, sondern in der Position „Übrige EG-Staaten" erhalten. Für diese Gruppe betrug die Abweichung des Ausländerzentralregisters gegenüber der Volkszählung 1987 rund 14%; demzufolge wurden die betreffenden Zahlen für die folgenden Jahren korrigiert. M.a.W. handelt es sich hier um eine mathematische Kalkulation, die nicht unbedingt der tatsächlichen Zahl der irischen Staatsangehörigen in der Bundesrepublik entspricht. Dies ist nicht der Fall in bezug auf die Angaben zu versicherungspflichtig beschäftigten Arbeitnehmern. Man kann davon ausgehen, daß diejenigen, die ihrer Beitragspflicht nachkommen, tatsächlich in der Bundesrepublik sind. Weitere gezielte Forschung wäre zu empfehlen.

Bleibt man bei einer bloßen Betrachtung der Angaben, liegt die Antwort nahe, daß das Recht auf Freizügigkeit in Richtung Bundesrepublik eher von den Arbeitslosen bzw. Arbeitssuchenden als von den (beschäftigten) Arbeitnehmern in Anspruch genommen worden ist.

ff) Behauptungen

Die gelegentlichen Behauptungen: 1. „Es weilen viel mehr Iren in der Bundesrepublik als die Angaben ergeben", und 2. „Es handelt sich um einen ‚Brain-Drain'", sind – ohne Belege – in der Öffentlichkeit zu hören.

aaa) Es wird hauptsächlich von den Angaben zu den irischen Staatsangehörigen ausgegangen und nicht von denen zu den Beschäftigten, obwohl diese letzteren eine erheblich geringere Anzahl aufweisen.

bbb) Eine Betrachtung der Angaben zu den Wirtschaftszweigen, in denen irische Arbeitnehmer beschäftigt sind – hierfür dient die Systematik der Wirtschaftszweige (Fassung für die Berufszählung 1970) der BAA als Ausgangspunkt –, vermittelt nur einen groben Eindruck, denn die Kategorien sind in der Systematik sehr breit gefaßt.

Nicht außer acht zu lassen ist die Meinung der ZAV, daß nur wenige Vermittlungen zustande kämen, „weil insbesondere die sprachlichen, mitunter auch die beruflichen Voraussetzungen für eine Tätigkeit auf dem Fachkräfteniveau nicht ausreichen". Diese Behauptungen bleiben mangels Belegen auf irischer und deutscher Seite hypothetisch; gezielte Forschung wäre hier zu empfehlen.

3. Gesamtbewertung zur Bedeutung der EWG-Freizügigkeit in bezug auf das Verhältnis Irland–Bundesrepublik

a) Keine Rolle für das Recht der Arbeitnehmer auf Freizügigkeit innerhalb der Gemeinschaft läßt sich bei der Auswanderungsentscheidung des einzelnen irischen Auswanderers erkennen. Entscheidet man für die Bundesrepublik, sind die Gründe dafür hauptsächlich ökonomischer Natur.

b) Wenn es der Fall wäre, daß mehr Iren in der Bundesrepublik tätig sind, als den Angaben des SBA zu entnehmen sind, m.a.W., daß manche Iren schwarz arbeiten, dient dies auch als Beweis dafür, daß das Recht der Arbeitnehmer auf Freizügigkeit keine (wichtige) Rolle bei der Auswanderungsentscheidung spielt: andernfalls hätte man sich nicht für Schwarzarbeit entschieden. Die Frage bleibt freilich offen, ob der jeweilige Arbeitnehmer über seine Rechte auf Freizügigkeit völlig informiert ist. Hier wäre weitere gezielte Forschung zu empfehlen.

c) Wenn es in der Tat einen Bedarf an Arbeitskräften in der Bundesrepublik gäbe, die von irischen Arbeitnehmern bzw. Auswanderungswilligen befriedigt werden könnte, so wäre ein besserer und gezielterer Ausgleich auf E(W)G-Ebene wünschenswert. Hier könnten die Strukturfonds und ihre Zuschüsse von Bedeutung sein. Darüber hinaus wird dank des EG-Beamtenaustauschprogramms den zuständigen Beamten sowohl in der Bundesrepublik als auch in Irland ein besserer Überblick zur Arbeitsmarktlage in beiden Ländern vermittelt. Dies könnte zu einem gezielteren Ausgleich beitragen, indem die Beamten aus eigener Erfahrung die Arbeitssuchenden „ortskundig" beraten können.

d) Wenn es sich tatsächlich um einen „Brain-Drain" handelte, wäre dieser nur zahlenmäßig eine Entlastung für Irland. Inhaltlich gesehen wäre er ein

Verlust für den irischen Steuerzahler und ein Gewinn für die deutsche Wirtschaft. Wenn es aber darum geht, die Gelegenheit zu nutzen, nicht in der Heimat erhältliche Berufserfahrung zu gewinnen und möglicherweise später nach Irland zurückzukehren und die in Deutschland erworbene Berufserfahrung zugunsten der irischen Wirtschaft zu nutzen, wäre dies für beide Seiten vorteilhaft.

e) Ob Freizügigkeit für die Auswanderer zu einem sozialen Aufstieg führt, läßt sich von hier aus nicht beurteilen. Es wäre schwer, im Fall eines „Brain-Drain" zu diesem Ergebnis zu kommen; für die Umschulung und anschließende Arbeit bei sonst Arbeitslosen könnte man es so betrachten. Wenn es um eine von den Einheimischen wenig geliebte Arbeit geht, wird sicher der Vorwurf geäußert, es handelte sich dabei um minderwertige Arbeit.

f) Pragmatisch betrachtet, ist dank der EWG-Freizügigkeit die tatsächliche Mobilität erleichtert worden. Man braucht keine Arbeitserlaubnis und während der ersten drei Monate keine Aufenthaltserlaubnis. Es besteht keine Beschränkung in bezug auf Betrieb, Gebiet oder zeitliche Gründe. Auch wenn immer noch Hindernisse zu beseitigen sind und gelegentlich die Realität der Theorie des Rechts auf Freizügigkeit nicht voll entspricht, bedeutet die Freizügigkeit insgesamt gesehen eine erhebliche Erleichtung auf der alltäglichen Ebene des einzelnen Bürgers — nicht zuletzt für seine Rechte auf soziale Sicherheit oder auf Inländergleichbehandlung beim Zugang zur Arbeit. Diese Erleichterung wird unter den in der Bundesrepublik beschäftigten Arbeitnehmern auch spürbar.

g) Obwohl das steigende Interesse in Irland an der Bundesrepublik hauptsächlich auf ökonomische Gründen zurückgeht, die nicht unbedingt mit dem Recht auf Freizügigkeit zu tun haben, darf man es auch als Teil des europäischen Integrationsprozesses betrachten und in bezug auf das Verhältnis Bundesrepublik–Irland zu einem positiven Ergebnis kommen. Die Bundesrepublik hat an Bedeutung gewonnen. Dies trägt zu einem steigenden Interesse an ihr als Zielland und an der deutschen Sprache bei. Je mehr Iren ihr Recht in Anspruch nehmen und in die Bundesrepublik ziehen, desto besser wird das Verhältnis zwischen den beiden Ländern und ihren Völkern sein.

4. Empfehlungen

a) Als Beweis für das steigende Interesse an der Bundesrepublik dient die Vielfalt von Initiativen bzw. Versuchen — nach Meinung der ZAV „von allen Seiten", wobei insbesondere junge Arbeitskräfte in die Bundesrepublik vermittelt werden. Diese Initiativen erfolgen sowohl auf privater als auch auf staatlicher Ebene. Eine engere Zusammenarbeit zwischen den verschiedenen

Trägern der Programme würde eine Verringerung der Reibungsverluste und einen wirksameren Einsatz knapper Mittel bedeuten.

b) Angesichts der Diskrepanz zwischen den Angaben zu den irischen Staatsangehörigen und den Beschäftigten - von den oben erwähnten Behauptungen ganz zu schweigen - wäre hier gezielte Forschung zu empfehlen. Dies gilt auch in bezug auf die Angaben zu den Arbeitslosen.

c) Obwohl im allgemeinen nur wenige Vermittlungen über die ZAV bzw. SEDOC zustandekommen, wäre weitere gezielte Forschung zur Frage der nicht aussreichenden beruflichen Voraussetzungen auf irischer Seite - wie von der ZAV-SEDOC behauptet - zu empfehlen.

d) Es scheint einen Bedarf an Informationen über das Recht der Arbeitnehmer auf Freizügigkeit zu geben. Ein Informationsprogramm wäre zu empfehlen; damit sollte auch die Schwarzarbeit verhindert werden.

Bibliographie

Adomeit, Klaus: Unser Arbeitsrecht – europäisch getestet, NJW 1989, S. 155 f.

Bathurst, M. E./*Simmonds*, K. R./*March Hunnings*, N./*Welch*, Jane (The British Institute of International and Comparative Law) (Hrsg.): Legal Problems of an Enlarged European Community, London 1972

Becker, Friedrich/*Braasch*, Dietrich: Recht der ausländischen Arbeitnehmer, 3. Aufl. Darmstadt 1986

Berenstein, Alexandre: Economic and Social Rights. Their inclusion in the European Convention of Human Rights – Problems of formulation and interpretation, in: Human Rights Law Journal, Vol. 2 (1981), No. 3-4, S. 257 ff.

Beutler, Bengt/*Bieber*, Roland/*Pipkorn*, Jörn/*Streil*, Jochen: Die Europäische Gemeinschaft. Rechtsordnung und Politik, 3. Aufl. Baden-Baden 1987 (zit.: Rechtsordnung)

— Das Recht der Europäischen Gemeinschaft, Baden-Baden 1989 (zit.: Recht)

Birk, R.: Der Einfluß des Gemeinschaftsrechts auf das Arbeitsrecht der Bundesrepublik Deutschland, in: F.I.D.E. – Reports of 13th Congress, Volume 2: The effect of Community law on national employment law, Thessaloniki 1988, S. 69 ff.

— Der Einfluß des Gemeinschaftsrechts auf das Arbeitsrecht der Bundesrepublik Deutschland, RIW 1989, S. 6 ff.

Bleckmann, Albert: Die Personenverkehrsfreiheit im Recht der EG, DVBl. 1986, S. 69 ff.

Böhning, W. R.: o.T., in: Ausländische Arbeitnehmer und Arbeitsmarkt, IAB Nürnberg 1976, S. 43 ff.

— The Migration of Workers in the United Kingdom and the European Community, London u.a. 1972

— Studies in International Labour Migration, London 1984

Böll, Heinrich: Irisches Tagebuch, Köln/Berlin 1957

Bongen, Wolfgang: Schranken der Freizügigkeit aus Gründen der öffentlichen Ordnung und Sicherheit im Recht der Europäischen Wirtschaftsgemeinschaft, Berlin 1974

von Borries, Reimer/*Oliver*, Peter: Data Protection and Censuses under the West German Constitution, Public Law 1984, S. 199 ff.

Brewster, Chris/*Teague*, Paul: European Community Social Policy. Its Impact on the UK, London 1989

Brownlie, Ian: Basic Document on Human Rights, 2. Aufl. Oxford 1981

Bryde, Brun-Otto: Ausländerwahlrecht und grundgesetzliche Demokratie, JZ 1989, S. 297 ff.

Bulmer, Simon/*Paterson*, William: The Federal Republic of Germany and the European Community, London 1987

Bundesanstalt für Arbeit: Geschäftsberichte 1969-1987, Nürnberg

— Amtliche Nachrichten 1965-1988, Nürnberg

Bundesanstalt für Arbeitsvermittlung und Arbeitslosenversicherung: Geschäftsberichte 1958/59-1968, Nürnberg

Burrows, F.: Free Movement in European Community Law, Oxford 1987

Casey, Eamonn: Emigration. The Reality – the Catholic Church's Response, in: *Mulholland/Keogh* (Hrsg.), S. 34 ff.

Cecchini, Paolo: Europa 92. Der Vorteil des Binnenmarktes, Baden-Baden 1988

Central Statistics Office: Census of Population of Ireland 1986 – Preliminary Report, Dublin 1986

— CENSUS 86. Volume 1: Population Classified by Area, Dublin o.J. (1989 erhältlich)

— Population and Labour Force Projections 1991-2021, Dublin 1988

Christ, Rudolf/*Kloesel*, Arno: Deutsches Ausländerrecht, 2. Aufl. Stuttgart, Lbl. Stand 28. Lieferung 1989

Chubb, Basil: The Constitution and Constitutional Change in Ireland, Dublin 1978

— The Government and Politics of Ireland, 2. Aufl. Stanford 1982

Classen, Claus Dieter: Bildungspolitische Förderungsprogramme der EG. Eine kritische Untersuchung der vertragsrechtlichen Grundlagen, EuR 25 (1990), S. 11 ff.

Cochrane, Jane: Implications for Ireland of Membership of the European Communities, C.M.L.Rev. 7 (1970), S. 336 ff.

Cole, G. D. H./*Postgate*, Raymond: The Common People 1746-1946, London/New York 1961

Collins, Doreen: The Operation of the European Social Fund, London/Canberra 1983

Commerzbank: Economic Trends (November 1989), Frankfurt 1989

— Economic Trends (December 1989), Frankfurt 1989

Common Market Law Review/Editorial: Current Information on the Negotiations for Expansion of the European Communities. Ireland's Negotiations with the European Communities, July-November 1971, C.M.L.Rev. 7 (1971), S. 1 ff.; 9 (1972), S. 80 ff.

The Concise Oxford Dictionary → Fowler

Conlan, Patricia: Arbeitnehmerfragen, in: Thomas Oppermann/Wolfgang-Erich Moersch (Hrsg.), Europa 2000. Europa-Leitfaden, Regensburg 1989, S. 71 ff.

— Ireland, in: A. Ph. C. M. Jaspers/L. Betten (Hrsg.), 25 Years European Social Charter, Deventer u.a. 1988, S. 53 ff.

Coombes, David (Hrsg.): Ireland and the European Communities, Dublin 1983

Cooney, Thomas A. M.: Restrictions on Freedom of Movement, in: The Irish Jurist, new series Vol. X, Dublin 1975, S. 314 ff.

Cras, A. / *Murphy*, Finbarr → Murphy, Finbarr

Davy / Kelleher / McCarthy: Ireland's Changing Population Structure, Dublin 1987

— Policy Implications of Demographic Change, Dublin 1987 (Workshop Paper)

Degimbe, J. → EG

de Lobkowicz, Wencelas: Ein europäisches Kommunalwahlrecht für alle EG-Bürger, DÖV 1989, S. 519 ff.

Department of Foreign Affairs / Republic of Ireland: Bulletin, June / July 1987, No. 1038

Dertinger, Rudolf: Menschlich arbeiten - menschlich leben. Die Internationale Arbeitsorganisation: ein Handbuch für Gewerkschafter (in Zusammenarbeit mit der Abteilung Arbeiterbildung des Internationalen Arbeitsamts in Genf), Köln 1987

de Ruyt, Jean: L'acte unique européen, Bruxelles 1987

Diggins, Pat: Graduate Export - a national asset, in: Business and Finance, January 1988, S. 8 ff.

Doyle, Maurice (Govenor of Central Bank of Ireland): Economic and Monetary Union. The Regional Dimension, (unveröffentlichte) Rede vom 18.11.1988, o.O., o.J., S. 10 f.

Dresdner Bank: Medium-Term Forecast - Outlook for the German Economy until 1993 (January 1990), Frankfurt 1990

— Economic Trends in Germany (January 1990), Frankfurt 1990

Drudy, P. J. / *McAleese*, D. (Hrsg.): Ireland and the European Community, Cambridge 1984

Dubbers, Jürgen: Mißachtung der Art. 48 ff. EWGV durch deutsche Behörden und Gerichte. Eingaben an die EG-Kommission, in: EuGRZ 1979, S. 556 ff.

— Einschränkung der Aufenthaltserlaubnis für EG-Bürger durch Verbot der Arbeitsaufnahme in der Schweiz. Eingabe an EG-Kommission UND Antwort auf o.e., EuGRZ 1980, S. 687 f.

— Das Sagulo-Urteil des EuGH und die deutsche Rechtsprechung zur EG-Aufenthaltserlaubnis, EuGRZ 1980, S. 689 ff.

Dudley Edwards, Ruth: An Atlas of Irish History, 2. Aufl. London / New York 1981

Edye, Dave: Immigrant Labour and Government Policy. The Cases of the Federal Republic of Germany and France, Aldershot / Vermont 1987

EIU - The Economist Intelligence Unit: Ireland to 1992 - putting its house in order. Special report no. 1137 by Jim Fitzpatrick and Associates, London 1988

El-Agraa, Ali M. (Hrsg.): The Economics of the European Community, 2. Aufl., Oxford / New York 1985

Elbracht, Dietrich: Die Mär von den überlangen Studienzeiten. Ursachen für den Mangel an Fachkräften in der Produktion. in: Blick durch die Wirtschaft vom 3.1.1990, Nr. 2, S. 3

Embassy of the Federal Republic of Germany: Residence and Work in the Federal Republic of Germany (Lbl.), Dublin 1989

Emigrant Advice: Emigrating to West Germany or Denmark?, Dublin o.J.

Emigration, Commission on, and other Population Problems: 1948-1954, Reports: Prl. 2541, Dublin 1956

Europäische Gemeinschaften (EG) / Kommission: Amtsblätter, versch. Jg.

— Auswertung des COMETT-PROGRAMMS (vorgenommen für die Kommission von Coopers & Lybrand, C&L Belmont zusammen mit der Science Policy Research Unit der University of Sussex) Brüssel / Luxemburg 1989 (zit.: Coopers & Lybrand)

— Berichte über die soziale Lage in den Gemeinschaften, o.O., o.J.

— Berufsausübung im Gemeinsamen Markt. Ein Leitfaden, bearb. von Jean-Claude Séché, Luxemburg (Amt für amtliche Veröffentlichungen der Europäischen Gemeinschaften) 1988

— Beschäftigung in Europa 1989 (KOM) 89 399 endg., Luxemburg 1989

— Bulletin der EG, versch. Jg.

— EG-Nachrichten, versch. Jg.

— ERASMUS und COMETT 1988 - Soziales Europa, Beiheft 4/89

— The ERASMUS-Directory

— Die Erweiterte Gemeinschaft. Bilanz der Verhandlungen mit den beitrittswilligen Ländern, Brüssel, 22. Januar 1972

— Europäische Dokumentation

— Das Europäische Regionalbewußtsein. Interne Dokumentation über die Regionalpolitik in der Gemeinschaft, Nr. 9, Dezember 1980

— Europa ohne Grenzen - ein europäischer Sozialraum für 1992, bearb. von Patrick Venturi, Luxemburg 1989

— Eurostat

— Freizügigkeit in der Europäischen Gemeinschaft, Einreise und Aufenthalt, bearb. von Jean-Claude Séché, Luxemburg (Amt für amtliche Veröffentlichungen der EG) 1988

— Fundstellennachweis des geltenden Gemeinschaftsrechts, Bd. I. 15. Auflage, Stand 01.06.1990

— Gesamtberichte

— InforMISEP - Working Documents on employment policies, No. 18, June 1987; No. 19, September 1987; No. 20, December 1987; No. 21, Spring 1988; No. 23, 1988

— SEDOC - N.A.C.E. - General Industrial Classification of Economic Activities within the European Communities, o.O. o.J.

— SEDOC - Verzeichnis der Berufstätigkeiten und Berufe im internationalen Ausgleich (Brüssel 1972)

— SEDOC – Liste des responsables, No. 32, Octobre 1987 (V/2038/85) (zit.: Liste)

— Die sozialen Aspekte des Binnenmarktes, Soziales Europa, Band 1, Beiheft 7/88

— Die soziale Dimension des Binnenmarktes (Interne Gruppe, Vors.: J. Degimbe), Soziales Europa, Sonderheft 1988

— Soziales Europa, Beiheft 2/87

— STICHWORT EUROPA

— Trente ans de droit communautaire, Luxembourg 1982

— Weißbuch zur Vollendung des Binnenmarktes, Luxemburg 1985

Europäisches Parlament: So wählen die EG-Bürger, Bonn 1989

FAS (s.a. NMS/National Manpower Service): Manpower Implications of 1992, in: Labour Market Monthly Issue No. 9, October 1989, S. 2 f. (zit.: Manpower)

Feithen, Rosmarie: Arbeitskräftewanderung in der Europäischen Gemeinschaft, Frankfurt a.M./New York 1985

FitzGerald, Garret: Irish Neutrality, in: European Affairs No. 2/87, S. 23 ff.

— Ireland and the European Challenge. Robert Schuman inaugural lecture, in: *Keogh*, S. 1 ff.

Fitzpatrick, Jim u.a.: s.o. *EIU*

Fleischer, Henning: Entwicklung der Ausländerzahl seit 1987, in: Wirtschaft und Statistik 9/1989, S. 594 ff.

Flory, Maurice/*Higgins*, Rosalyn u.a. (Bearb.): Liberté de circulation des personnes en droit international, Paris 1988

Forde, Michael: The Applicable Social Security Law in the European Court, in: The Irish Jurist, new series Vol. XIV, Dublin 1979, S. 83 ff.

Fowler, H. W./*Fowler*, F. G. (Hrsg.): The Concise Oxford Dictionary of Current English, 4. Aufl. Oxford 1951-1963

Franz, Fritz: in Just/Groth (Hrsg.), Bd. II, S. 11 ff.

Frommel, S.N.: EEC Companies and migration – a setback for Europe?, Deventer 1988 Intertax No. 12, S. 409-416

Frowein, Jochen Abr.: Zur Rechtstellung von Kindern ausländischer Arbeitnehmer in Europa, EuGRZ 1980, S. 147 ff.

Garvin, Thomas: The Irish Senate, Institute of Public Administration, Dublin 1969

GIJK – Gesellschaft für Internationale Jugendkontakte e.V.: Welcome to Germany. Young visitor's guide, Paris 1988

Goerlich, Helmut/*Bräth*, Peter: Europäische Freizügigkeit und nationaler Ämterzugang, DÖV 1987, S. 1038 ff.

Goodwin-Gill, Guy S.: International Law and the Movement of Persons between States, Oxford 1978

Gould, Mark: The European Social Charter and Community Law, ELRev. (14) 1989, S. 223 ff.

Grabitz, Eberhard: Europäisches Bürgerrecht, Köln u.a. 1970

— (Hrsg.) Kommentar zum EWG-Vertrag, München Lbl. Stand November 1988

Greenway, Christopher: Nationality and the Limits of the Free Movement of Persons in Community Law, Yearbook of European Law 7 (1987), S. 185 ff.

Groth, Annette: in *Just / Groth* (Hrsg.) S. 82 ff.

Hailbronner, Kay: Die Freizügigkeit im Spannungsfeld zwischen Staatsräson und europäischen Gemeinschaftsrecht, DÖV 1977, S. 857 ff.

— Die Entscheidung des EuGH zur Freizügigkeit türkischer Arbeitnehmer, NVwZ 1988, S. 220 ff.

— Die neuere Rechtsprechung zum EG-Freizügigkeitsrecht, ZAR 1988, S. 3 ff.

— Möglichkeiten und Grenzen einer europäischen Koordinierung des Einreisee- und Asylrechts, Baden-Baden 1989

Hailbronner, Kay u.a. (Bearb.): Freizügigkeit von Arbeitnehmern und Niederlassungsfreiheit von Unternehmen in Europa, Heidelberg 1986

Handoll, John: Article 48 (4) EEC and Non-National Access to Public Employment, ELRev. 1988, S. 223 ff.

Happe, Hans U.: Irland und die Emigration. Die Bedeutung des Auswanderungsphänomens, Aachen 1987

Hart, Joan / *Laffan*, Brigid: Consequences of the Community's Regional and Social Policies, in: *Coombes* (Hrsg.), S. 133 ff., 146 ff.

Hartley, T. C.: EEC Immigration Law, Amsterdam u.a. 1978

Hazelkorn, Ellen: Emigration reproduces inequalities at home, in: Irish Times vom 26.10.1989

Hederman, Miriam: The Road to Europe. Irish Attitudes 1948-1961, Dublin 1983

Higgins, Rosalyn: La liberté de circulation des personnes en droit international, in: *Flory / Higgins*, S. 3 ff.

Higgins, Rosalyn / *Flory*, Maurice (Bearb.): Liberté de circulation des personnes en droit international, Paris 1988

The Higher Education Authority: First Destination of Award Recipients in Higher Education (1986). A Composite Report, Dublin 1987

Hochbaum, Ingo / *Eiselstein*, Claus: Die Freizügigkeitsrechte des Art. 48 EWG-Vertrag und der öffentliche Dienst, Bonn 1988

Hoey, Michael: Ireland and Europe. A Changing Relationship, in: Iris na Roinne Gnothai Eachtracha / Bulletin of the Department of Foreign Affairs, Number 1038, June / July 1987, S. 5 f.

Hofer, Peter / *Eckerle*, Konrad / *Franzen*, Detzlef / *Wolff*, Heimfrid: Prognos-Report Nr. 12. Die Bundesrepublik Deutschland 1990 / 2000 / 2010 – Die Entwicklung von Wirtschaft und Bevölkerung in der Bundesrepublik und den Bundesländern bis 2010, Stuttgart 1986

Hofer, Peter/*Rommerskirschen*, Stefan/*Franzen*, Detlef/*Wolff*, Heimfrid: Prognos-Report Nr. 11. Die Bundesrepublik Deutschland 1985/1990/2000 – Die Entwicklung von Wirtschaft und Bevölkerung in der Bundesrepublik und den Bundesländern bis 2000, Stuttgart 1983

Hohnerlein, Eva-Maria: Federal Republic of Germany, in: A. Ph. C. M. Jaspers/L. Betten (Hrsg.), 25 Years European Social Charter, Deventer u.a. 1988, S. 105 ff.

Hrbek, Rudol/*Wessels*, Wolfgang (Hrsg.): EG-Mitgliedschaft – ein vitales Interesse der Bundesrepublik Deutschland?, Bonn 1984

Huber, Bertold: Die Entwicklung des Ausländer- und Arbeitserlaubniserechts im Jahre 1980, NJW 1981, S. 1868 ff.

— Die Entwicklung des Ausländer-, Asyl- und Arbeitserlaubnisrechts in den Jahren 1986/87, NJW 1987, S. 3045 ff.

Huber, Christian H.: Irische Parteien und die Europäischen Gemeinschaft, Bonn 1983

Huber, Peter M.: Das „Volk" des Grundgesetzes, DÖV 1989, S. 531 ff.

Institut für Arbeitsmarkt- und Berufsforschung der Bundesanstalt für Arbeit (IAB) → Schiller u.a.

International Labour Office (ILO [engl.] bzw. IAO [deutsch]): International Labour Standards, Geneva 1981

Ipsen, Hans Peter: Europäisches Gemeinschaftsrecht, Tübingen 1972

Ireland, Government of: White Paper No. 4. Membership of European Communities – Implications for Ireland, Dublin 1970 (zit.: Weißbuch 1970)

— White Paper. The Accession of Ireland to the European Communities, Dublin 1972 (zit.: Weißbuch 1972)

— The Single European Act. An Explanatory Guide, Dublin 1986 (zit.: Guide)

— Emigration to the United States. An Official Perspective, in: *Mulholland/Keogh* (Hrsg.), S. 89 ff.

Ireland, Government of/Department of Foreign Affairs: Facts about Ireland, Dublin 1985

Jaspers, A. Ph. C. M./*Betten*, L. (Hrsg.): 25 Years European Social Charter, Deventer 1988

Jentz, John B./*Keil*, Hartmut (Hrsg.): German Workers in Industrial Chicago, 1850-1910. A Comparative Perspective, DeKalb 1983

Jungmann, Lambert: Die Freizügigkeit von Arbeitnehmern aus EG-Staaten in der Bundesrepublik Deutschland, Diss. Mainz 1984

Just, Wolf-Dieter/*Groth*, Annette (Hrsg.): Wanderarbeiter in der EG, Mainz/München 1985

Kämper, Burkhard: Kommunalwahlrecht für Ausländer in Nordrhein-Westfalen, ZRP 1989, S. 96 ff.

Kapteyn, P. J. G. (Hrsg.): The Social Policy of the European Communities, Leyden 1977

Kapteyn, P. J. G. / *Verloren van Themaat*, P.: Introduction to the Law of the EC - After the coming into force of the Single European Act, 2. Aufl., hrsg. von Laurence W. Gormley, Deventer / Boston 1989

Keil, Hartmut / *Jentz*, John B. (Hrsg.): German Workers in Industrial Chicago, 1850-1910. A Comparative Perspective, DeKalb 1983

Keller, Berthold: o.T., in: EG-Magazin Nr. 3 / 1989, S. 19

Kelly, J. M.: The Irish Constitution, Dublin, 1980

Kennedy, Kieran A. / *Giblin*, Thomas / *McHugh*, Deirdre: The Economic Development of Ireland in the Twentieth Century, London 1988

Keogh, Dermot (Hrsg.): Ireland and the challenge of European integration, Cork / Dublin 1989

Keogh, Dermot / *Mulholland*, Joe (Hrsg.) → Mulholland

Klang, Klaus A.: Soziale Sicherheit und Freizügigkeit im EWG-Vertrag, Baden-Baden 1986

Kleinhenz, Gerhard / *Mertens*, Dieter / *Pagenstecher*, Ulrich / *Lampert*, Heinz (Hrsg.): Neue Dimensionen der Arbeitsmarktpolitik in der BRD, Berlin 1975

Kloesel, Arno / *Christ*, Rudolf: Deutsches Ausländerrecht, 2. Aufl. Stuttgart, Lbl. Stand 28. Lieferung 1989

Knirsch, Heribert: Deutsches Ausländerrecht, Regensburg 1988

Köbler, Gerhard: Juristisches Wörterbuch, 3. Aufl. München 1983

Kranz, Jurgen: Die Freizügigkeit nach dem EWG-Vertrag und das nationale Ausländer- und Melderecht. Ein Beitrag zu dem Urteil des EuGH's vom 8.4.1975, Rs 48 / 75 - Royer, DÖV 1977, S. 111 ff.

Labour, Department of: Annual Reports 1987 u. 1988

Läufer, Thomas: Die Europäische Gemeinschaft. 22 Fragen und Antworten, Bonn 1989

Lagoni, Rainer: Die politschen Parteien im Verfassungssystem der Republik Irland, Frankfurt a.M. 1973

Lang, John Temple: The Common Market and Common Law, Chicago / London 1966

— The Republic of Ireland and the EEC. The Consitutional Position II, in: *Bathhurst* u.a., S. 17 ff.

— Legal and Constitutional Implications for Ireland of Adhesion to the EEC Treaty, C.M.L.Rev. 9 (1972), S. 167 ff. (zit.: Legal Implications)

— The Irish court case which delayed the Single European Act. Crotty v. an Taoiseach and others, CMLR 24 (1987), S. 711 ff. (zit.: Court Case)

Laskok, D.: The Professions and Services in the EEC, Deventer 1986

Lee, J. J.: Ireland 1912-1985. Politics and Society, 2. Aufl. Cambridge 1990

Litton, Frank (Hrsg.): Unequal Achievement. The Irish Experience 1957-1982, Dublin 1982

Lynch, J.: The Republic of Ireland and the EEC. The Constitutional Position I, in: *Bathhurst* u.a., S. 13 ff.

Lyons, F. S. L.: Ireland since the Famine, 7. Aufl. Bungay / Suffolk 1981

MacEinrí, Piaras: The new Europeans. The Irish in Paris today, in: *Mulholland / Keogh*, S. 58-80

Magiera, Siegfried: Kommunalwahlrecht in den EG-Mitgliedstaaten, EA 1988, S. 475 ff.

Maher, D. J.: The tortuous path, Dublin 1986

Mancini, G. Federico: Labour Law and Community Law, in: The Irish Jurist, new series Vol. XX, Dublin 1985, S. 1 ff.

McAleese, D.: Ireland and the European Community. The changing pattern of trade, in: *Drudy / McAleese*, S. 145 ff.

McAleese, D. / *Drudy*, P. J. (Hrsg.) → Drudy

McAleese, Dermot / *Matthews*, Alan: The Single European Act and Ireland. Implications for a Small Member State, Journal of Common Market Studies, Vol. XXVI, No. 1, September 1987, S. 39-60

McDonald, Marc: Some Aspects of the Law on Disclosure of Information, in: The Irish Jurist, new series Vol. XIV, Dublin 1979, S. 229-251

McMahon, Bryan, EEC Membership and the Irish Legal System, in: *Drudy / McAleese*, S. 57 ff.

McMahon, Bryan / *Murphy*, Finbarr: European Community Law in Ireland, Dublin 1989

Mehrländer, Ursula: Ausländerforschung 1965 bis 1980. Fragestellungen, theoretische Ansätze, empirische Ergebnisse, Bonn 1987

Meier-Braun, Karl-Heinz: Einwanderungsland Europa. Die Ausländerpolitik der EG-Mitgliedstaaten am Beispiel der Bundesrepublik Deutschland, in: *Zuleeg*, Ausländerrecht, S. 13 ff.

Mengele, Hans-Peter: Ausländerrecht, Stuttgart 1983

Mertens, Dieter: Aufgaben und Praxis der Bundesanstalt für Arbeit, Stuttgart u.a. 1971

— Wege aus der demographischen Krise. Bevölkerungsentwicklung und Arbeitsmarkt, in: Blick durch die Wirtschaft Nr. 167 vom 30.8.1989, S. 7

Miller, Gary T.; Rechtsprobleme der Mitgliedschaft Irlands in der Europäischen Gemeinschaft, Saarbrücken 1986

Moersch, Wolfgang-Erich / *Oppermann*, Thomas (Hrsg.): Europa 2000. Europa-Leitfaden, Regensburg 1989

Molle, Willem / *van Mourik*, Aad: International Movements of Labour under Conditions of Economic Integration. The Case of Western Europe, in: Journal of Common Market Studies Vol. XXVI, No. 3, March 1988, S. 317 ff.

Morgan, Marilynne A.: A review of the case law of the Court of Justice on migrant workers and social security July 1986 – June 1987, C.M.L.Rev. 25 (1988), S. 391 ff.

Mulholland, Joe / *Keogh*, Dermot (Hrsg.): Emigration Employment & Enterprise, Cork / Dublin 1989

Murphy, Finbarr: Community law in Irish Courts / Digest of cases (1973-1986), E.L.Rev. 7 (1982), S. 331 ff.; 11 (1986), S. 99 ff., 479 ff.

— The European Community and the Irish Legal System, in: *Coombes*, S. 29 ff.

— The Single European Act I, in: The Irish Jurist new series Volume XX, Dublin 1985, S. 17 ff. (zit.: Single I)

— The Single European Act II, ebd., S. 239 ff. (zit.: Single II)

Murphy, Finbarr / *Cras*, A.: L'affaire Crotty. La Cour Supreme d'irlande rejette l'Acte unique européen, in: Cah.dr.europ. 1988, Nr. 3, S. 276 ff.

Murphy, Finbarr / *McMahon*, Bryan → McMahon

National Economic and Social Council (NESC): Ireland in the European Community. Performance, Prospects and Strategy, Dublin 1989

National Institute of Higher Education Dublin: First Destination of NIHE Dublin Graduates and Postgraduates 1983-1986, Dublin 1987

National Manpower Service: (siehe auch FAS) Working abroad, Dublin 1987

Nelhans, Joachim: Die Freizügigkeit der Arbeitnehmer in Europa, Baden-Baden 1975

Nic Giolla Choille, Triona: Emigration is no Accident, in: *Mulholland / Keogh*, S. 52 ff.

Niedobitek, Matthias: Pläne und Entwicklung eines Europas der Bürger. Zwischenbericht, Speyer 1989

Nolte, Georg: Freizügigkeit nach dem Assoziationsvertrag EWG-Türkei, ZaöRV 47 (1987), S. 755 ff.

Nonnenmacher, Carol: Der illegale Spanier, JuS 1987, S. 130 ff.

O'Dwyer, Brian: The rights of immigrants in the U.S.A., in: *Mulholland / Keogh*, S. 81 ff.

OECD: Emigrant Workers returning to their home country. International Management Seminar, Athens 18th-21st October 1966, Paris 1967

— The Public Employment Service in a Changing Labour Market, Paris 1984

O'Fiaich, Tomás: Irische Mönche in Deutschland im Spätmittelalter, Tübingen 1987

O'Keeffe, David: Practical difficulties in the application of article 48 of the EEC treaty, C.M.L.Rev. 19 (1982), S. 35 ff.

Oliver, Peter / *von Borries*, Reimer: Data Protection and Censuses under the West German Constitution, Public Law 1984, S. 199 ff.

Oppermann, Thomas: Vom Marktbürger zum EG-Bürger?, in: Gert Nicolaysen / Helmut Quaritsch (Hrsg.), Lüneburger Symposion für Hans Peter Ipsen zur Feier des 80. Geburtstages, Baden-Baden 1988, S. 87 ff.

— Europäisches Gemeinschaftsrecht und deutsche Bildungsordnung, Bonn 1987

— Der Beitrag der Rechtsprechung zur Freizügigkeit innerhalb der Gemeinschaft und zu den sozialen Fragen, in: Die Europäische Rechtsprechung nach 20 Jahren Gemeinschaftsleben (Kölner Schriften zum Europarecht, 24), Köln u.a. 1976, S. 871 ff.

— Europarecht, München 1991

Oppermann, Thomas / *Moersch*, Wolfgang-Erich (Hrsg.): Europa 2000. Europa-Leitfaden, Regensburg 1989

o. Verf.: L'Europe des citoyens, Rev.M.C. no. 320, Septembre / Octobre 1988, S. 438 ff.

Papastamkos, Georgios: Die Erweiterung der EG-Freizügigkeit auf griechische Arbeitnehmer, Berlin 1983

Penniman, Howard / *Farrell*, Brian (Hrsg.): Ireland at the Polls, 1981, 1982 and 1987, Durham (North Carolina) 1987

Philipp, Otmar: Wanderungspolitik. Gemeinschaftlich oder national?, EG-Magazin Nr. 1-2 / 1988, S. 12 f.

— Probleme bei der Umsetzung der EG-Richtlinien in nationales Recht: EG-Magazin Nr. 11 / 1988, S. 12 f.

Picardi-Montesardo, Anna: Die Gastarbeiter in der Literatur der Bundesrepublik Deutschland, Berlin 1985

Platzer, Hans: Wer verdient die schlechten Noten im Fach Arbeitsmarktpolitik? 16 Millionen Europäer ohne Arbeit, in: EG-Magazin Nr. 11 / 1988, S. 14 ff.

Plender, Richard: International Migration Law, 2. Aufl. Dordrecht 1988

Pompe, Peter: Leistungen der sozialen Sicherheit bei Alter und Invalidität für Wanderarbeitnehmer nach Europäischen Gemeinschaftsrecht, Köln 1987

Puissochet, J.-P.: L'Élargissement des communautés européennes, Paris 1974

Randelzhofer, Albrecht: Der Einfluß des Völker- und Europarechts auf das deutsche Ausländerrecht, Berlin / New York 1980

— Kommentierung der Art. 48-51 und 117-118a, in: *Grabitz*, Kommentar

Ress, Georg: La libre circulation des personnes, des services et des capitaux, in: Trente ans du droit communautaire, Commission des communautés européennes, Luxembourg 1982

Reuter, Eduard: Alternde Bevölkerung – schrumpfende Wirtschaft?, in: Blick durch die Wirtschaft vom 18.10.1989, S. 7

Riley, Alan J.: The European Social Charter and Community Law, ELRev. 1989, S. 80 ff.

Robinson, Mary: Irish Parliamentary Scrutiny of European Community Legislation, C.M.L.Rev. 16 (1979), S. 9 ff.

Roth, Wulf-Henning: Die Harmonisierung des Dienstleistungsrechts in der EWG, EuR 21 (1986), S. 340 ff.

Rottmann, David / *O'Connell*, Philip: The Changing Social Structure of Ireland, in: *Litton*, S. 63-89

Rump, Hans-Uwe: Walther von der Vogelweide, Hamburg 1979

Sagarra, Eda: The German language in Ireland. A personal view of its recent history and its support system in the late 1980s, in: Teangeolas. Journal of the Linguistics Institue of Ireland, no. 26, Summer 1989, S. 12-19

Samuels, Alec: The Legal Response to Terrorism, Public Law 1984, S. 365 ff.

SBA → Statistisches Bundesamt

Schäffer, Wilhelm: Wachstum und Beschäftigung durch den EG-Binnenmarkt? Anmerkungen zum Zukunftsszenario des Cecchini-Berichts, EG-Magazin Nr. 11 / 1988, S. 20 f.

Scheffler, Hans-Hermann: Ausländergesetz und Aufenthaltsgesetz / EWG im Lichte der neueren Rechtsprechung des EuGHs, DVBl. 1977, S. 90 ff.

von Schenckendorff, Max: Der Bayerische Senat, Diss. Tübingen 1984

Schieckle, H. / *Grüner*, H.: Kommentar zum Arbeitsförderungsgesetz, Percha, Lbl. Stand August 1989

Schiedermair, Rudolf: Handbuch des Ausländerrechts der Bundesrepublik Deutschland, Frankfurt a.M. / Berlin 1968

Schiller, Günter / *Drettakis*, Emmanuel G. / *Böhning*, Wolf Rüdiger (IAB-Arbeitsgruppe): Ausländische Arbeitnehmer und Arbeitsmarkt, Nürnberg (Institut für Arbeitsmarkt- und Berufsforschung der Bundesanstalt für Arbeit) 1976

Schmack-Siebenlist, Rosmarie / *Hinkel*, Klaus: Europäische Aspekte der Ausländerpolitik. Bericht über die Tagung des AEI vom 18. bis 20. Juni 1987 in Hamburg, in: EI, Oktober 1987, S. 13 ff.

Schuler, Rolf: Das Internationale Sozialrecht der Bundesrepublik Deutschland, Baden-Baden 1988

Séché, Jean-Claude: Berufsausübung im Gemeinsamen Markt. Ein Leitfaden, Luxemburg (Amt für amtliche Veröffentlichungen der Europäischen Gemeinschaften) 1988

— Free Movement of Workers under Community law, in: *Kapteyn*, The Social Policy, S. 11 ff.

— Freizügigkeit in der Europäischen Gemeinschaft, Einreise und Aufenthalt, Luxemburg (Amt für amtliche Veröffentlichungen der Europäischen Gemeinschaften) 1988

SEDOC → EG

Seidel, Bernhard: EG-Sozial- und Beschäftigungspolitik – nützlicher Flankenschutz für den deutschen Arbeitsmarkt, in: *Hrbek / Wessels*, S. 153 ff.

Sexton, J. J.: Recent Changes in the Irish Population and in the Pattern of Emigration, in: The Irish Banking Review, Autumn 1987, S. 31-44

Shanks, Michael: European Social Policy, Today and Tomorrow, Oxford 1977

Siegel, K. / *Stevens*, W. / *Werth*, M.: Vergleichende Analyse der Mobilität in bzw. zwischen den Arbeitsmärkten der EG, Nürnberg 1976 (Beiträge zur Arbeitsmarkt- und Berufsforschung – BeitrAB, 11)

Siemens AG: Informationen für Ingenieure, Informatiker und Naturwissenschaftler. Siemens aktuell '86, Ausgabe 1986

Silletti, Emilio: SEDOC – Europäisches System für die Übermittlung von Stellen-und Bewerberangeboten im internationalen Ausgleich, in: Soziales Europa, 2/1987, S. 11 ff.

Simitis, Spiros: Data Protection and Research. A Case Study of Control, in: American Journal of Comparative Law 29 (1981), S. 583 ff.

Simitis, Spiros / *Dammann*, Ulrich / *Mallmann*, Otto / *Reh*, Hans-Joachim: Dokumentation zum Bundesdatenschutzgesetz, Baden-Baden, Lbl. Stand 14. Lieferung 1988

— Kommentar zum Bundesdatenschutzgesetz, 3. Aufl. Baden-Baden 1981

Simmonds, K. R.: The Dublin Conference, October 1970 (report), C.M.L.Rev. 8 (1971), S. 266 ff.

— Concertation of Community migration policy, C.M.L.Rev. 25 (1988), S. 177 ff.

Smit, Hans / *Herzog*, Peter E.: The Law of the European Economic Community, New York / San Francisco 1989

Smyth, J. C.: The Houses of the Oireachtas, Institute of Public Administration, 2. Aufl. Dublin 1964

Social Welfare, Department of: Guide to Social Welfare Services, Dublin 1987

— Social Security Rights in the EEC, Dublin 1987

(Spaak-Bericht): Bericht der Delegationsleiter an die Aussenminister, Brüssel, 1956

Spanier, David / *Kennedy*, Dennis / *Blom*, Anton / *Bjol*, Erling: ... plus vier. Großbritannien, Irland, Norwegen und Dänemark – die Neuen der Gemeinschaft, Bonn 1972

Staatsministerium Baden-Württemberg (Hrsg.): Baden-Württemberg im Europäischen Binnenmarkt 1992, Stuttgart 1990

Stabenov, W.: The European Social Fund, in: *Kapteyn*, S. 61-82

Statistisches Bundesamt (SBA): Systematische Verzeichnisse – Systematik der Wirtschaftszweige. Grundsystematik ohne Erläuterungen, Mainz / Stuttgart, Stand 1970

— Statistische Jahrbücher der Bundesrepublik Deutschland 1957-1989

— Systematische Verzeichnisse / Klassifizierung der Berufe / Systematisches und alphabetisches Verzeichnis der Berufsbenennungen, Mainz / Stuttgart, Ausgabe 1975

— Wirtschaft und Statistik, Heft 4 / 1989

Stephan, Enno: William Thomas Mulvany (1806-1885), ein irischer Pionier des Ruhrgebiets, Tübingen 1985

Sterne, John: Emigration. Disillusioned Technocrats, in: Business and Finance vom 30. November 1989, S. 22 ff.

Straubhaar, Thomas: International Labour Migration within a Common Market. Some Aspects of EC Experience, Journal of Common Market Studies, Vol. XXVII, No. 1, September 1988, S. 45 ff.

Sundberg-Weitman, Brita: Discrimination on grounds of nationality, Amsterdam u.a. 1977

Teague, Paul/*Brewster*, Chris: European Community Social Policy. Its Impact on the UK, London 1989

Thomson, David: Europe since Napoleon, Harmondsworth (UK)/Ringwood (Australia) 1973

Tietz, Bruno: Optionen bis 2030. Szenarien und Handlungsalternativen für Wirtschaft und Gesellschaft in der Bundesrepublik Deutschland, Stuttgart 1986

Tomuschat, Christian: Freizügigkeit nach deutschem Recht und Völkerrecht, DÖV 1974, S. 757 ff.

— Solidarität in Europa: in: F. Capotorti u.a. (Hrsg.), Du droit international au droit de l'integration: Liber Amicorum Pierre Pescatore, Baden-Baden 1987, S. 729 ff.

UNESCO: Workers abroad. Volume III: The Travelling Journeyman takes the road again, Paris 1957

University College Cork: Cork Graduates 1986. Annual Report – Careers and Appointments Service, Cork 1987

University College Dublin: Careers and Appointments. Office Annual Report 1986, Dublin 1987

van der Woude, Marc/*Mead*, Philip: Free Movement of the Tourist in Community Law, C.M.L.Rev. 25 (1988), S. 117 ff.

Vedder, Christoph: Ausländerrecht für türkische Arbeitnehmer. Die Demirel-Entscheidung des EuGH, das Bundesverfassungsgericht und die Folgen, EuR 23 (1988), S. 50 ff.

Venturi, Patrick: Europa ohne Grenzen – ein europäischer Sozialraum für 1992, Luxemburg (Kommission der EG) 1989

Verloren van Themaat, P./*Kapteyn*, P. J. G.: Introduction to the Law of the EC. After the coming into force of the Single European Act, 2. Aufl., hrsg. von Laurence W. Gormley, Deventer/Boston 1989

Vogt, Wolfgang: Es gibt kein Monopol der Nürnberger Anstalt, in: Handelsblatt vom 27.9.1989

Wägenbaur, Rolf: La libre circulation des personnes et des services, Turin/Strasbourg 1980

— Free movement in the professions. The new EEC proposal on professional qualifications, C.M.L.Rev. 23 (1986), S. 91 ff.

Walsh, Brian: Perspectives du droit communautaire en irland: in: La jurisprudence européenne après vingt ans d'expérience communautaire. 6th International Congress on European Law – FIDE (Kölner Schriften zum Europarecht, 24), Köln u.a. 1976, S. 27 ff.

— Reflections on the Effects of Membership of the European Communities in Irish Law: in: F. Capotorti u.a. (Hrsg.), Du droit international au droit de l'integration. Liber Amicorum Pierre Pescatore, Baden-Baden 1987, S. 805 ff.

Watson, Phillipa: Social Security Law of the European Communities, London 1980

— Gravier v. City of Liège (Gravier I), C.M.L.Rev. 24 (1987), S. 89 ff.

Weber, Albrecht: Aufschiebende Wirkung innerstaatliche Rechtsbehelfe und Anspruch auf „faires Verfahren" im EG-Ausländerrecht/Fall Pecastaing, EuGRZ 1980, S. 346 ff.

— Einreiseerlaubnis und Sichtvermerk bei Gemeinschaftsangehörigen/Fall Pieck, EuGRZ 1980, S. 676 ff.

Wellner, W./*Schmich*, G.: Europa auf dem Wege zur Sozialunion, Bonn 1988

White, Gillian: La liberté de circulation des personnes et la frontière d'Irlande du Nord, in: *Flory/Higgins*, S. 241 ff.

Wiebringhaus, Hans: The application of the European Social Charter, in: J. J. M. van der Ven u.a. (Hrsg.), Het europees sociaal handvest, Nijmegen 1982, S. 18 ff.

Winkel, Klaus: Der Ausbau der Freizügigkeit des Marktbürgers durch die Rechtsprechung des Europäischen Gerichtshofs, NJW 1975, S. 1058 ff.

Wittkopp, Ulrich H.: Wirtschaftliche Freizügigkeit und Nationalstaatsvorbehalte, Baden-Baden 1977

Wyatt, Derrick/*Dashwood*, Alan: The Substantive Law of the EEC, 2. Aufl. London 1987

Zuleeg, Manfred (Hrsg.): Ausländerrecht und Ausländerpolitik in Europa, Baden-Baden 1987

— Die Bedeutung des europäischen Gemeinschaftsrechts für das Ausländerrecht, NJW 1987, S. 2193 ff.

— Juristische Streitpunkte zum Kommunalwahlrecht für Ausländer, ZAR 1/1988, S. 13 ff.

Anhang

1. Arbeitslosigkeit in Irland 1960-1989/Irische Aus- und Zuwanderung 1926-1986 (durchschnittlich)

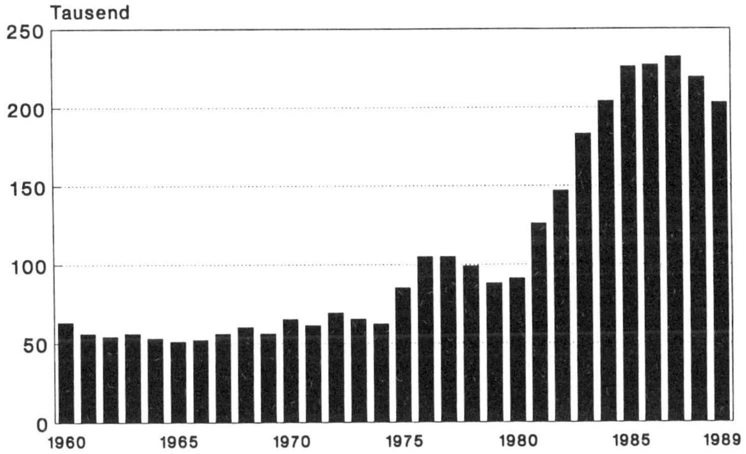

Quelle: CSO, Dublin (SV)

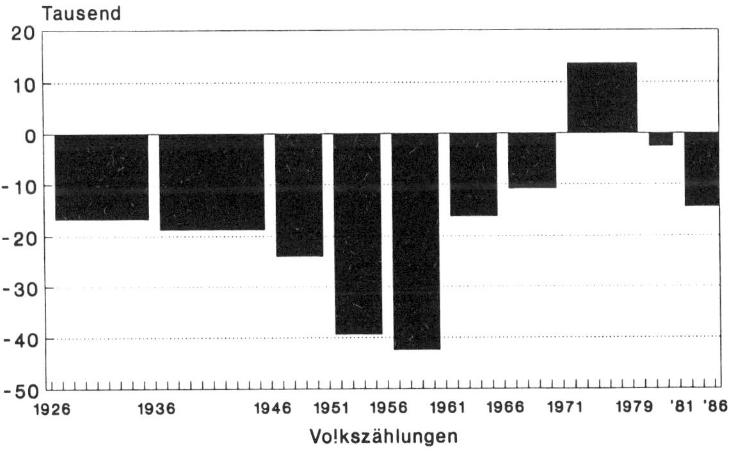

Quelle: CSO, Dublin
Census 1986, Vol. 1, S. 23
Volkszählungen 1926-1986

2. Irische Staatsangehörige in den Ländern der Gemeinschaft 1981-1982[1]

Bundesrepublik Deutschland[2]	3 900
Frankreich[3]	1 880
Italien[4]	624
Niederlande[5]	2 215
Belgien	1 019
Luxemburg	282
Vereinigtes Königreich[6]	474 604
Irland	3 211 020
Dänemark	757
Griechenland	339
Spanien	718
Portugal	keine Angaben

Quelle: EUROSTAT-VOLKSZÄHLUNGEN in den Ländern der Gemeinschaft 1981-82; Theme 3, Series C: Population and social conditions, S. 70 f.

---

[1] Abl. L 347/17.12.1973, S. 50; ABl. L 165/23.6.1981, S. 11; ABl. L 385/31.12. 1981, S. 23. Zum Hintergrund zur Erhebung und (nicht vollständigen) Durchführung vgl. EUROSTAT, Theme 3, Series C, S. 16 ff.

[2] Es wurde aus verfassungsrechtlichen Gründen erst 1987 eine Volkszählung in der Bundesrepublik erhoben; vgl. BVerfGE 65, 1.

[3] Die Volkszählung mußte in Frankreich wegen der Präsidentenwahl um ein Jahr verschoben werden. Dazu oben Fn. 1.

[4] Die für das Frühjahr 1981 geplante Volkszählung mußte verschoben werden, s.o. Fn. 1, S. 17.

[5] Hier trat eine Ausnahmeregelung ein; s.o. dazu Fn. 1, a.a.O.

[6] Hier wurde die Frage gestellt, wo (in welchem Land) man geboren wurde.

3. Irische Staatsangehörige in den Ländern der Gemeinschaft 1985 / 1986 / 1987

	1985	1986	1987
Bundesrepublik Deutschland	6 300	7 000	8 200
Frankreich[1]	(1982 1 880)		
Italien	keine Angaben		
Niederlande[2]	2 128	2 630	2 943
Belgien	1 262	1 248	1 296
Luxemburg	(1981 282)		
Vereinigtes Königreich		(1984 / 1986 durchschnittlich 542 000)	
Dänemark	744	778	864
Griechenland	308	368	426
Spanien (1983: 712; 1984: 843)	944	1 329	1 684
Portugal	123	157	184

Quelle: EUROSTAT 1989; Thème 3, Série C: Foreign Residents

[1] Volkszählung 1982; ohne Übersee-Gebiete.

[2] Einschätzung jeweils am 1.Januar.

4. Irische Staatsangehörige in den Bundesländern 1978-1989 / Irische Arbeitnehmer in den Bundesländern 1978-1990

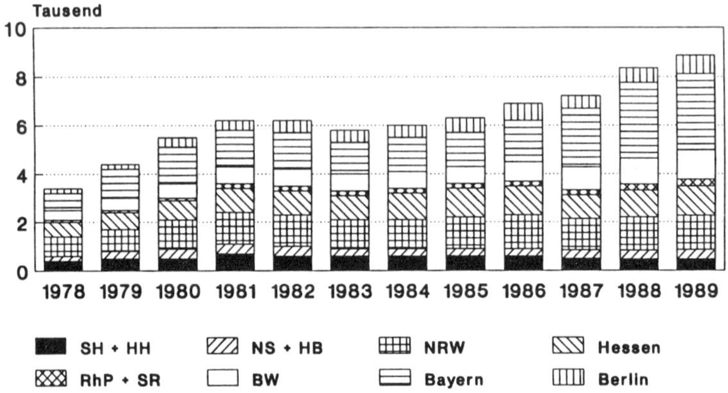

Quelle: SBA (Schriftverkehr)
1978-1984: Stichtag 30.9.
1985-1989: Stichtag 31.12.

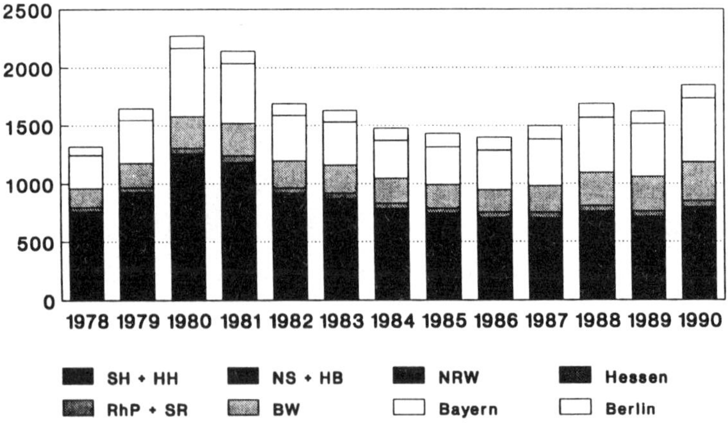

Quellen:
1978-1989: SJB; Stichtag 30.6.
1990: SBA (SV); Stichtag 30.3.

5. Ausländische / Irische Arbeitnehmer in der Bundesrepublik 1957-1973

Jahr	Alle ausländischen AN	Irische AN
1957[1]	104,603	
1958[2]	123,442	
1959[3]	163,211	
1960[4]	276,188	(zuvor nicht vhd.) 168[5]
1961[6]	471,888	(einschl. 1957-1963) 235[7]
1962[8]	634,603	(einschl. 1957-1963) 279[9]
1963[10]	795,022	n. vhd.
1964	932,932	413
1965	1,164,364	417
1966	1,314,031	451
1967	1,023,747	402
1968	1,014,774	374
1969	1,372,059	449
1970	1,838,859	604
1971	2,168,766	681
1972[11]	2,316,980	729
1973[12]	2,316,980	729

Stichtag: 30.06. (Ausnahmen s. Fn.)
Quelle: SJB / SBA / BAA

[1] Stichtag: 31.07.1957. Außer Berlin und Saarland.

[2] Stichtag: 31.07.1958. Außer Berlin und Saarland.

[3] Stichtag: 31.07.1959. Außer Berlin.

[4] Stichtag: 31.07.1960. Außer Berlin.

[5] Stichtag: 31.7.1960; ohne Berlin; Quelle: *BAA*, Geschäftsbericht.

[6] Außer Berlin.

[7] Stichtag: 30.6.1961; ohne Berlin. Quelle: *BAA*, Geschäftsbericht.

[8] Stichtag: 31.05.1962. Außer Berlin.

[9] Kein Datum, sondern „im Jahre 1962 ausgestellte Legitmationskarten und erstmalig erteilte Arbeitserlaubnisse ...“. Quelle: *BAA*, Geschäftsbericht 1962.

[10] Stichtag: 31.05.1963. Außer Berlin.

[11] Durchschnitt (2 Halbjahre).

[12] Durchschnitt (2 Halbjahre).

6. Irische Arbeitnehmer nach Wirtschaftszweigen 1961 / 1969 / 1972-73 / 1988

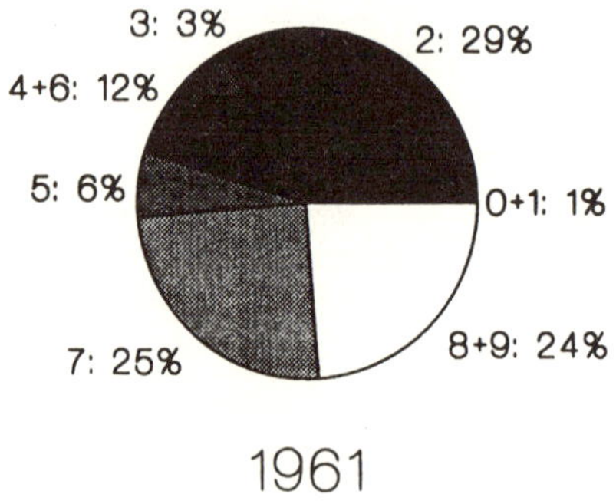

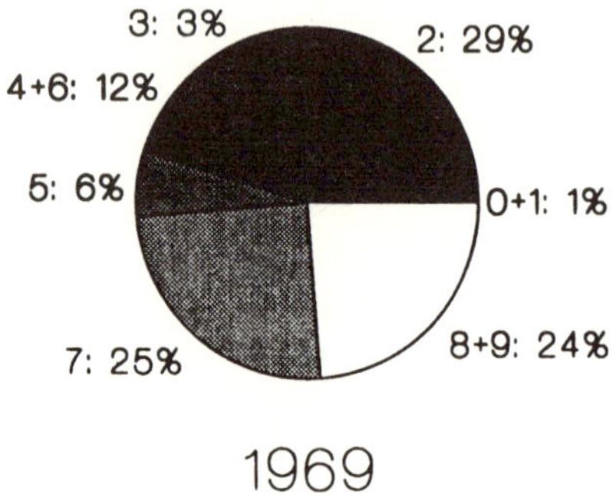

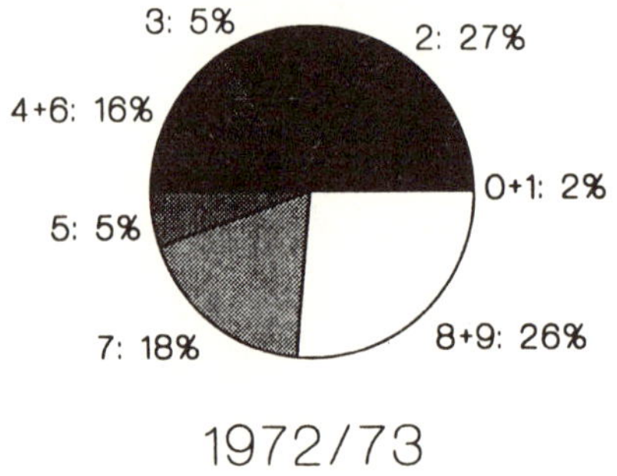

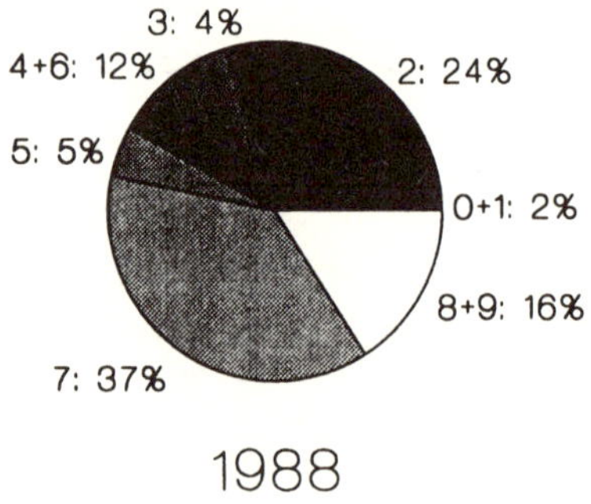

Quelle: BAA und SBA (SV)

Bemerkungen zu den Wirtschaftszweigen:

- Stichtag
  1961 und 1969: 30.06.
  1972/73: Ende Dezember 1972
  1988: 31.12.1988 (Unterschied zu Angaben 30.06.1988 [1 707]!)
- Quelle:
  Alle (mit Ausnahme 1988): BAA Geschäftsberichte
  1988: SBA (SV)

  1961: ohne Berlin
- Schlüssel:

  1961-1973
  0 Land- und Forst- und Jagdwirtschaft, Tierzucht, Gärtnerei, Fischerei
  1 Energiewirtschaft, Gewinnung/Verarbeitung von Steinen und Erden, Bergbau
  2 Eisen- und Metallerzeugung und -verarbeitung
  3 Verarbeitendes Gewerbe (ohne Metallverarbeitung)
  4 Bau- Ausbau- und Bauhilfsgewerbe
  5 Handel, Geld- und Versicherungswesen
  6 Dienstleistungen
  7 Verkehrswesen
  8 Öffentlicher Dienst und Dienstleistungen in öffentlichen Interesse

  1988
  0 Land- und Forstwirtschaft, Tierhaltung, Fischerei
  1 Energiewirtschaft und Wasserversorgung, Bergbau
  2 Verarbeitendes Gewerbe (ohne Baugewerbe)
  3 Baugewerbe
  4 Handel
  5 Verkehr und Nachrichtenübermittlung
  6 Kreditinstitute und Versicherungsgewerbe
  7 Dienstleistungen A.N.G.
  8 Organisationen ohne Erwerbscharakter und private Haushalte
  9 Gebietskörperschaften und Sozialversicherung

7. Iren in der Bundesrepublik – Arbeitnehmer und Staatsangehörige 1974-1990 / Ausländer in der Bundesrepublik – Arbeitnehmer und Staatsangehörige 1974-1989

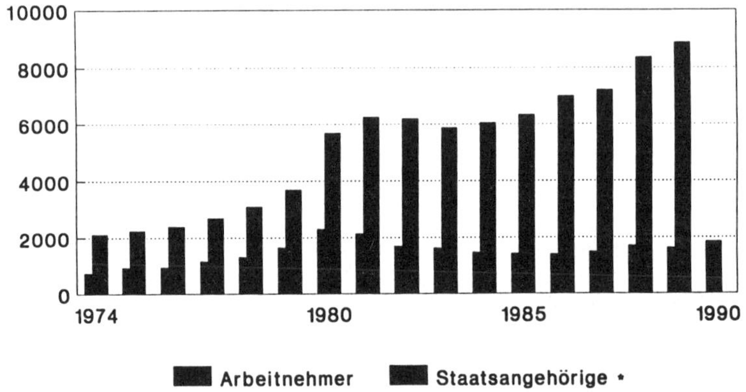

Quellen: SBA (SV) und SJB
* 1987-89: an die Ergebnisse der Volkszählung 1987 angepaßte Zahlen

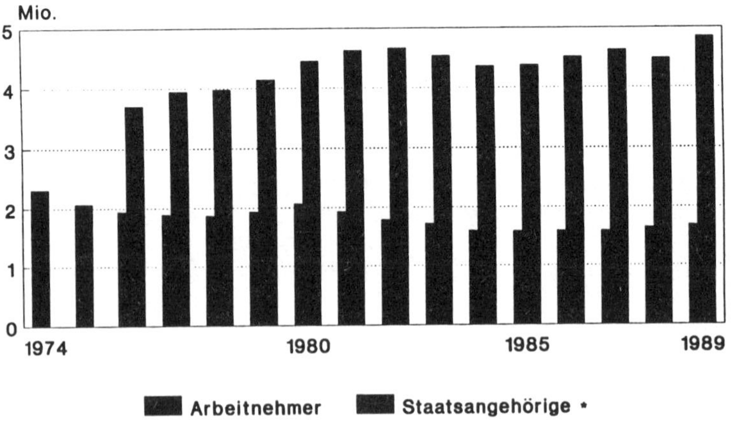

Quellen: SBA (SV) und SJB
* 1989: an die Ergebnisse der Volkszählung 1987 angepaßte Zahlen

Bemerkungen zu: Ausländische Staatsangehörige / Arbeitnehmer:

- 1974: Für ausländische Arbeitskräfte - Durchschnitt (2 Halbjahre)
- 1974 / 1975 / 1980-1984: Für irische Staatsangehörige: Stichtag 30.09.
- 1976-1979: Für irische Staatsangehörige: Stichtag 30.09. Aufgerundet.
- 1982: Für Ausländer im allgemeinen: Stichtag 31.03.
- 1985: Für ausländische bzw. irische Staatsangehörige: Stichtag 31.12.
- 1986: Für irische Staatsangehörige: Stichtag 31.12. Aufgerundet.
- 1987-1989: Für ausländische bzw. irische Staatsangehörige: Stichtag 31.12.; an die Ergebnisse der Volkszählung 1987 angepaßte Zahlen (SBA / SV).
- 1990: Für ausländische bzw. irische Arbeitnehmer: Stichtag 31.03. (BAA SV).

Sonst: Stichtag 30.6.

Quelle: SJB / SBA (SV) / ANBA

8. Arbeitslose Iren in der Bundesrepublik 1965-1990 / Arbeitslose Iren in den einzelnen Bundesländern 1979-1990

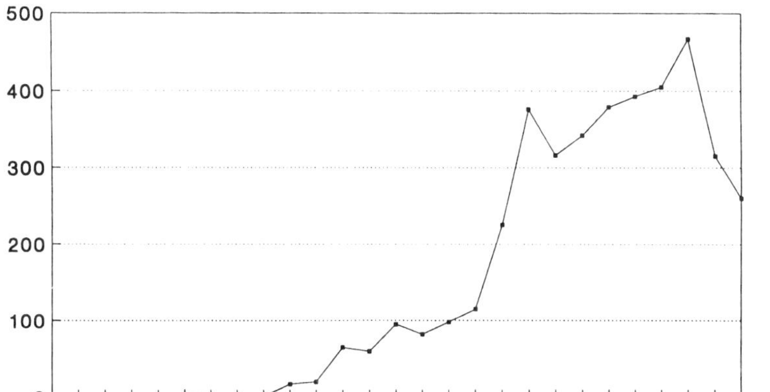

Quelle: ANBA
Stichtag: Ende September

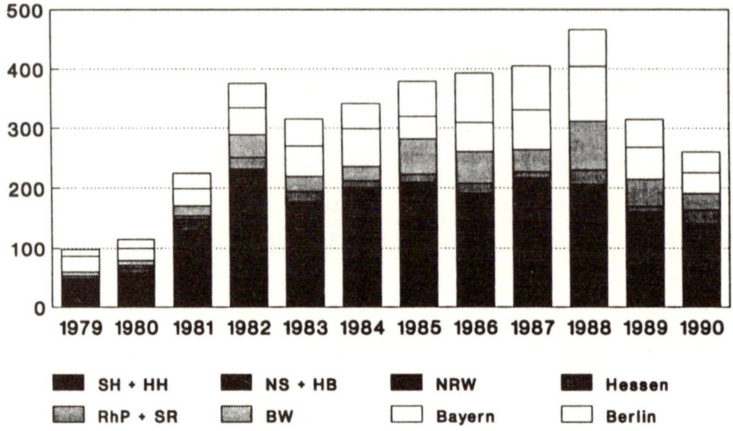

Quelle: ANBA
Stichtag: Ende September

9. Kindergeldberechtigte Iren in der Bundesrepublik 1975-1987

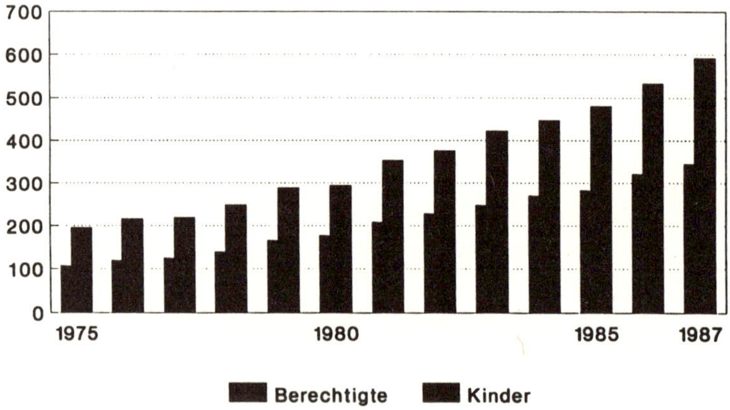

Quelle: BAA
Stichtag: Jahresende

10. Ausländische Arbeitnehmer in Irland (1985)

Gesamtzahl der Einwohner (1985)	
– der Mitgliedstaaten	(1984) 67 000
– Ausländer insgesamt	(1984) 88 000
= Anteil Angehörige von Mitgliedstaaten	76,1%
Arbeitnehmer (1985)	
– der Mitgliedstaaten	17 000
– Ausländer insgesamt	20 000
= Anteil Angehörige von Mitgliedstaaten	85,0%
= Anteil Angehörige von Mitgliedstaaten an der Gesamtzahl der Arbeitnehmer	2,1%

Quelle: EG-Kommission, Die soziale Dimension des Binnenmarktes, S. 19.

11. Irische Arbeitnehmer in den einzelnen Bundesländern 1964-1977

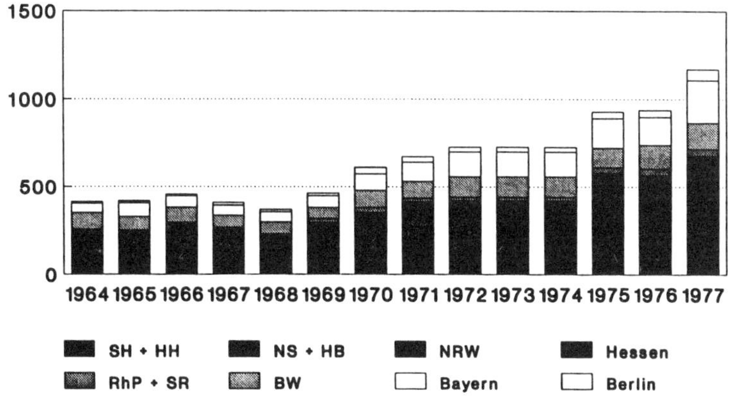

Quelle: SJB
Stichtag: 30.6.

12. Iren in der Bundesrepublik: Aufenthaltsdauer 1973 und 1988

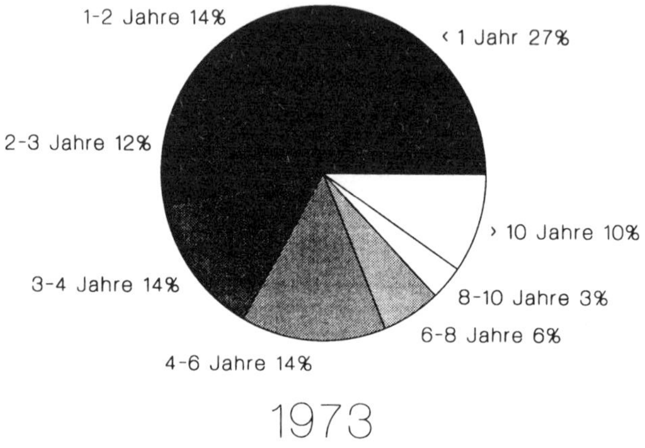

Quelle: SBA (SV)

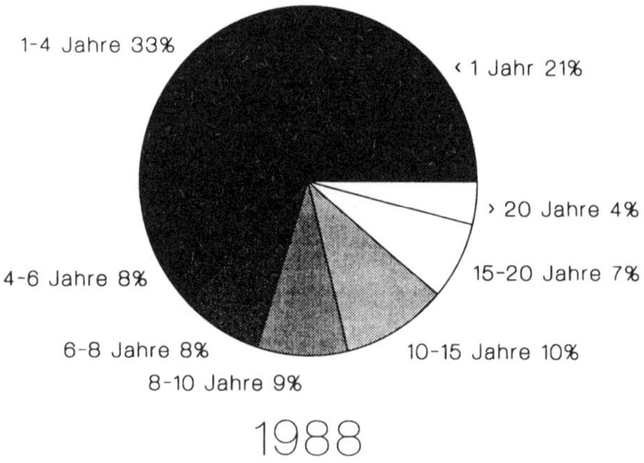

Quelle: SBA (SV)
Stichtag: 31.12. (an die Ergebnisse der Volkszählung 1987 angepaßte Zahlen)

13. Erklärender Brief zum Fragebogen

Patricia Conlan
c/o Lehrstuhl Prof. Dr. Dr. h.c. OPPERMANN
Universität Tübingen
Juristische Fakultät
Wilhelmstraße 7
D 7400 Tübingen

March, 1988

Dear Compatriot,
I am carrying out research here with the aim of comparing the theory of the freedom of movement for the worker within the EC, with the reality. As a case study I intend to look at the flow from Ireland to Germany.
There is a lot spoken in Ireland about emigration, and about the job opportunities in Germany. Unfortunately there are very few hard facts available to substantiate the many claims.
Freedom of movement for the worker is supposed to be facilitated by number of measures. Among these should be the removal of obstacles at national, local or industry level. In addition, there is an EC system for coordinating activities between the national employment offices (MANPOWER / FAS / ARBEITSAMT) so that supply and demand can be matched – at least to some extent. This system is called SEDOC.
Because of the lack of hard facts – particularly in relation to numbers of Irish people here, and what they are doing, and why and how and when etc. I intend to carry out a survey among the Irish population. I hope to do this in the St. Patrick's Week i.e. 13th to 20th March*. I would be very grateful if you would participate, and complete a questionnaire.
I have absolutely *no wish to intrude on your privacy* and therefore do not ask for your name or address – unless you would like to indicate these yourself. If you feel you have any additional comments to make which you feel might be useful, please do so. I would also ask you to spread the word as I am trying to reach as many people as possible. I can supply more questionnaires.
Any help will be invaluable, and much appreciated. I would ask you to complete the questionnaire and return it to where you got it – or direct to me. If I can supply any feedback or other information, do let me know.
Many thanks,
Yours sincerely,

Patricia Conlan

*I will continue to try and track down Irish people even after these dates and if they have been in Germany during this week I'll be able to include them in the final survey.

Please see reverse side Date complete . . . .

Please complete as fully as possible (IRISH Citizens over 18 years of age)

1. Arrival date in Germany . . . . Home county . . . .
2. Resident in Bundesland (State) . . . . Since . . . .
3. Male / Female . . . . Married / Single / Other . . . . year of birth . .
4. Number of children under 18 . . . . born in Ireland . . . . Germany . . . .
5. Educational background: Group . . . . . Intermediate . . . . . . Leaving . . . . .
   3rd level . . . . Trade . . . . Professional . . . .
6. Purpose of moving to Germany: to take up work . . . . look for work .
   set up business . . . . . . study . . . . . . other . . . .
7. If to take up work, were you recruited in Ireland . . . . Germany . . . .
   Other (please specify how) . . . .
8. If recruited in IRELAND was it by: (please tick) . . . .
   - GERMAN company advertisement in Irish paper . . . .
   - GERMAN company recruitment via 3rd level college . . . .
   - advertisement in GERMAN paper (to which you replied) . . . .
   - transfer from GERMAN company (in Ireland) . . . .
   - transfer from IRISH company (in Ireland) . . . .
   - blind application to GERMAN company of your choice . . . .
   - blind application to private GERMAN employment agency . . . .
   - application to Zentralstelle für Arbeitsvermittlung der Bundesanstalt für Arbeit . . . .
   - Irish state agency (AnCO / CERT / FAS etc.) – please specify which . . . . . .
   - Irish MANPOWER office . . . . together with EEC SEDOC system . .
   - word of mouth . . . .
   - other . . . .
9. If recruited in GERMANY was it by: (please tick)
   - advertisement in GERMAN paper . . . .
   - blind application to GERMAN company of your choice . . . .
   - blind application to private GERMAN employment agency . . . .
   - application to Zentralstelle für Arbeitsvermittlung der Bundesanstalt für Arbeit . . . .
   - ARBEITSAMT . . . .
   - word of mouth . . . .
   - other . . . .
10. Have you heard of SEDOC – the EEC system for coordination of information between national employment offices? . . . .
11. If yes, any comment as to efficacy . . . .
12. What is your present occupation . . . .
13. Where did you learn German . . . .
    How would you rate your present knowledge:
    EXCELLENT . . . . GOOD . . . . ADEQUATE . . . . . POOR . . . . . .
14. Have you ever had problems with bureaucracy in GERMANY? . . . .
    Please comment . . . .
15. Any general comments you'd care to make . . . .

Please complete as quickly as possible and return to where you received it OR to P. Conlan c/o Lehrstuhl Prof. Dr. Dr. Thomas Oppermann, Jur. Fakultät, Universität Tübingen, Wilhelmstraße 7, 7400 Tübingen.

14. Bunreacht na hÉireann (Verfassung Irlands): Ausgewählte Artikel[1]

Artikel	Nr.	
5		Ireland is a sovereign, independent, democratic state.
6	1.	All powers of government, legislative, executive and judicial, derive under God, from the people, whose right it is to designate the rulers of the State and, in final appeal, to decide all questions of national policy, according to the requirements of the common good.
	2.	These powers of government are exercisable only by or on the authority of the organs of State established by this Constitution.
15	2.1	The sole and exclusive power of making laws for the State is hereby vested in the Oireachtas: no other legislative authority has power to make laws for the State.
	4.1	The Oireachtas shall not enact any law which is in any respect repugnant to this Constitution or any provision thereof.
	4.2	Every law enacted by the Oireachtas which is in any respect repugnant to this Constitution or to any provision thereof, shall, but to the extent only of such repugnancy, be invalid.
28	2.	The executive power of the State shall, subject to the provisions of this Constitution, be exercised by or on the authority of the Government.
29	4.1	The executive power of the State in or in connection with its external relations shall in accordance with Article 28 of this Constitution be exercised by or on the authority of the Government.
	4.2	For the purpose of the exercise of any executive function of the State in or in connection with its external relations, the Government may to such extent and subject to such conditions, if any, as may be determined by law, avail of or adopt any organ, instrument, or method of procedure used or adopted for the like purpose by the members of any group or league of nations with which the State is or becomes associated for the purpose of international co-operation in matters of common concern.
	4.3	The State may become a member of the European Coal and Steel Community (established by Treaty signed at Paris on the 18th Day of April, 1951), the European Economic Community (established by Treaty signed at Rome on the 25th day of March, 1957) and the

[1] Artikel, die wegen der EWG-Mitgliedschaft in Frage kamen. Dazu statt vieler s.o. Fn. C/50, S. 27 ff.; Fn. C/54, S. 39 ff.; Fn. C/56, S. 13 ff.; Fn. C/57; Fn. C/58, S. 17 ff.; Fn. C/64; Fn. C/76, S. 805 ff.

European Atomic Energy Community (established by Treaty signed at Rome on the 25th day of March, 1957). No provision of this Constitution invalidates laws enacted, acts done or measures adopted by the State necessitated by the obligations of membership of the Communities or prevents laws enacted, acts done or measures adopted by the Communities, or institutions thereof, from having the force of law in the State.

(Zweiter Satz dieses Artikels[2]) The State may ratify the Single European Act (signed on behalf of the Member States of the Communities at Luxembourg on the 17th day of February, 1986, and at The Hague on the 28th day of February, 1986).

29 5.1 Every international agreement to which the State becomes a party shall be laid before Dáil Éireann.

5.2 The State shall not be bound by any international agreement involving a charge upon public funds unless the terms of the agreement shall have been approved by Dáil Eireann.

6. No international agreement shall be part of the domestic law of the State save as may be determined by the Oireachtas.

34 1. Justice shall be administered in courts established by law by judges appointed in the manner provided by this Constitution, and, save in such special and limited cases as may be prescribed by law, shall be administered in public.

2. The Courts shall comprise Courts of First Instance and a Court of Final Appeal.

4.1 The Court of Final Appeal shall be called the Supreme Court.

4.6 The decision of the Supreme Court shall in all cases be final and conclusive.

---

[2] Tenth Amendment of the Constitution Act, 1987.

15. Umfrage – Methodologie

1. Ziel der Umfrage (als solche)

Zunächst muß unterstrichen werden, daß die Umfrage, die hier durchgeführt wurde, in keiner Weise als umfassende Umfrage betrachtet werden soll, so daß nicht davon ausgegangen werden kann, daß die dort geschilderten Erfahrungen den Erfahrungen aller irischen Arbeitnehmer in der Bundesrepublik entsprechen. Der Einblick in die Erfahrungen, der hier angeboten wird, betrifft nur diejenigen, die erreicht worden sind, und die auf die Umfrage geantwortet haben; und diese Umfrage dient weder als repräsentative noch als gesamte Darstellung der Lage und Erfahrungen aller irischen versicherten Arbeitnehmer in der Bundesrepublik, sondern allein als Sammlung der Erfahrungen einzelner irischen Arbeitnehmer in Deutschland. Dieses Ziel entspricht sowohl der Absicht der Arbeit als auch der Notwendigkeit, angesichts der Schwierigkeiten festzustellen, wo und wieviele irische Arbeitnehmer in der Bundesrepublik zu finden sind. Da kein zentrales Verzeichnis – weder der irischen Staatsangehörigen noch der beschäftigten versicherungspflichtigen Arbeitnehmer in der Bundesrepublik – vorhanden ist, besteht keine Möglichkeit, eine belegbare bzw. zuverlässige wissenschaftliche Umfrage unter ihnen durchzuführen und die Ergebnisse zu bewerten, wie die Lage aller Iren in der Bundesrepublik sich tatsächlich darstellt.

Die Umfrage wurde absichtlich und ausdrücklich anonym durchgeführt; dies wurde im erklärenden Brief erwähnt. Es wurde kein System angelegt, aus dem die Antwortenden erkannt werden konnten, es sei denn, sie selbst teilten Name und Anschrift mit. Von den 176 ausgefüllten Fragebogen kamen 137 mit Name/Anschrift zurück.

2. Ziel der Umfrage (Fragen)

Die Antworten sollten dazu dienen, den persönlichen (Frage 3), familiären (Frage 4), bildungsmäßigen (Frage 5) bzw. beruflichen (Frage 12) Hintergrund der Befragten auszuleuchten sowie Niveau (auch wenn subjektiv) und Lernort der deutschen Sprache (Frage 13) zu erkunden und einen Einblick in (Fragen 1 und 2) die Mobilität innerhalb der Bundesrepublik sowie Aufenthaltsdauer und Herkunfts-Grafschaft zu gewinnen.

Der Grund für das Einwandern in die Bundesrepublik wird (Frage 6) gesucht, ebenso (Fragen 7-9) Information über die jeweiligen (Ort) Vermittlungsmaßnahmen (einschließlich SEDOC). Information zum SEDOC-System wird ausdrücklich (Fragen 10 und 11) erfragt; hierdurch sollte eine gewisse (auch wenn auf sehr geringeren Basis beruhende) Einschätzung des SEDOC-Systems ermöglicht werden.

Die für diese Arbeit wichtigsten Informationen werden am Schluß erhoben. Hier (Fragen 14 und 15) geht es um das tatsächliche Ausüben der Freizügigkeit, wenn auch in bezug auf bescheidene Zahlen und ohne eine Möglichkeit, die erhobenen Angaben zu verifizieren.

3. Gründe für die Art der Fragestellung

Die Fragen wurden im Hinblick auf zwei Hauptgründe verfaßt: auf der einen Seite psychologischerweise, um die Befragten nicht zu erschrecken. Da der Fragebogen hauptsächlich per Post, anonym – d.h. die Fragenstellerin war den Befragten fast ausnahmslos unbekannt – eintraf, wurden die Fragen so unbürokratisch und inoffiziell wie möglich verfaßt; auf der anderen Seite, im Hinblick auf den Datenschutz (vgl. *Spiros Simitis*, Data Protection and Research, American Journal of Comparative Law, Volume 29 [1981], S. 583-605, 591 ff.) erfolgte die Durchführung nur mit der ausdrücklichen Zustimmung der Befragten, denn der Fragebogen sollte vom Befragten selbst ausgefüllt und zurückgeschickt werden; d.h. Dritte waren nicht beteiligt. Darüber hinaus wurde sowohl der Zweck der Umfrage in dem beigefügten erklärenden Brief vorgestellt als auch der Vorschlag gemacht, den Fragebogen anonym auszufüllen.

4. Form des Fragebogens

Ein zweiseitiger Fragebogen – mit Fragen auf der einen und einen erklärenden Brief auf der anderen Seite – wurde verteilt. Die Absicht war, keinen der Befragten zu beängstigen – da das Schreiben überwiegend per Post eintraf – oder durch ein mehrseitiges Formular zu belästigen. Je länger der Fragebogen, desto geringer die Bereitschaft zum Mitmachen, war hier der Hintergedanke.

5. Die Befragten

a) Wer wurde gesucht / erreicht

Die gezielten Befragten waren irische Arbeitnehmer (über 18 Jahre alt), die während der Stichwoche in der Bundesrepublik tätig waren.

b) Wie die Verteilungsliste zustande kam

Da es kein zentrales Register der irischen Staatsangehörigen in der Bundesrepublik gibt, wurden alle möglichen Quellen ausgesucht und ausgenutzt. Im einzelnen:

- Bekannte und deren Bekannte
- Die Firma Guinness hat ihre Kneipenliste für die Bundesrepublik, also wo Guinness-Bier getrunken wird, zur Verfügung gestellt. Davon wurden Kneipen mit irischem bzw. englischen Namen ausgesucht, und deren Wirt wurde angeschrieben mit der Bitte, die beigefügten Fragebogen unter der irischen Kundschaft bzw. dem Personal zu verteilen.
- Die irischen Universitäten und technischen Hochschulen wurden um die Namen jener deutschen Firmen gebeten, die regelmäßig ihre Absolventen einstellen.
- Diese deutschen Firmen wurden demzufolge angeschrieben und gebeten, den beigefügten Fragebogen unter ihrem irischen Personal zu verteilen.
- Irische diplomatische Dienststellen (4 Konsulate und die Botschaft) wurden gebeten, bei der Verteilung des Fragebogen mitzuhelfen; die Hilfebereitschaft war unterschiedlich.
- Die bekannten Deutsch-Irischen Freundeskreise / Vereine (usw.) wurden angeschrieben mit der Bitte, den beigefügten Fragebogen unter ihren irischen Mitgliedern zu verteilen.

- Zweigstellen irischer Firmen bzw. Behörden in der Bundesrepublik wurden angeschrieben mit der Bitte, den beigefügten Fragebogen unter den irischen Mitarbeitern zu verteilen.
- Irische und deutsche Träger des Austauschprogramms für junge Arbeitskräfte wurden um Hilfe bei der Durchführung der Umfrage gebeten, sowohl in bezug auf Namen / Adresse als auch wegen des Weiterleitens des Fragebogens.
- Allgemein zugängliche Namen und Adressen, z.B. im Telefonbuch, in Leserbriefen in (irischen) Zeitungen und Geburtsanzeigen in (irischen) Zeitungen wurden notiert.
- Anläßlich irischer Feiern wurde der Fragebogen verteilt, ohne zusätzliche Bemerkungen dazu zu machen.
- Durch direkten Kontakt von Mitwirkungswilligen wurden ebenfalls Fragebogen weitergeleitet.

6. Verteilung

Die Fragebogen wurden hauptsächlich per Post verteilt:
- einzeln an gezielt zu Befragende;
- mehrere Fragebogen an gezielt zu Befragende mit der Bitte, sie weiterzuverteilen;
- mehrere Fragebogen an Firmen, wo irische Arbeitnehmer tätig waren, mit der Bitte, sie weiterzuleiten;
- mehrere Fragebogen an bekannte „irische" Kneipen in der Bundesrepublik mit der Bitte, sie weiter an ihre irische Kundschaft bzw. das Personal zu leiten;
- mehrere Fragebogen an Kneipen in der Bundesrepublik, wo irisches Bier (Guinness) angeboten wird, mit der Bitte, sie an ihre irische Kundschaft bzw. das Personal weiterzuleiten;
- mehrere Fragebogen an Deutsch–Irische Freundeskreise / Vereine etc. in der Bundesrepublik mit der Bitte, sie unter ihren irischen Mitgliedern weiterzuverteilen;
- mehrere Fragebogen an Leute, die sich gemeldet und angeboten haben, die Fragebögen unter ihren irischen Bekannten zu verteilen;
- allgemein zur Verfügung gestellt (in Baden-Württemberg) anläßlich einer St. Patrick's Day Party (Deutsch-Irischer Freundeskreis) und bei der Abschlußfeier einer VHS – Irische Woche.

7. Stichwoche

Der irische Nationalfeiertag ist am 17. März (St. Patrick's Day). Als Stichwoche wurde die Woche Nr. 11 (1988) gewählt, d.h. die Woche, in der der irische Nationalfeiertag gefeiert wurde, auch wenn dies (in der Bundesrepublik) gerade nicht am 17. selbst der Fall war. Im Laufe dieser Woche sollten mehrere Iren zusammenkommen, sei es privat, sei es von einem Verein oder einer Gruppe oder von der Botschaft veranlaßt oder sogar nur zufällig. Der Gedanke dabei war, durch dieses Zusammenkommen soviel Iren wie möglich mit dem Fragebogen zu erreichen oder ihnen zumindest den Fragebogen bekannt zu machen.

Es wurden aus mehreren Gründen nachträglich Fragebögen verteilt und ausgefüllt; z.B. meldeten sich Interessierte, die den Fragebogen verloren hatten, ihn Bekannten weiterleiten wollten usw. Solange der Ausfüller in der Stichwoche in Deutschland tätig gewesen war, konnten diese mitberücksichtigt werden.

8. Bewertung

Da die Fragebogen und die Antworten darauf nur einen gewissen Einblick in die Erfahrungen der Beteiligten ermöglichen sollen, wurde keine Bewertung der Ergebnisse versucht, außer die Tatsachen zu schildern, wie sie berichtet wurden, und allgemeine (nicht auf die irische Bevölkerung insgesamt in der Bundesrepublik bezogen) Konsequenzen daraus gezogen. Immerhin besteht die Hoffnung, daß auch dieser Einblick in die tatsächlichen Erfahrungen nicht ohne etwas Wert bleibt — besonders angesichts der der gesamten Zahl der (sozialversicherungspflichtigen) beschäftigten irischen Arbeitnehmer der Bundesrepublik gegenüber nicht unbeträchtlichen Zahl der eingetroffenen bzw. gültigen ausgefüllten Fragebogen.

9. Zum Thema Nicht-Mitmachen

Abgesehen von denen, die das Mitmachen auf die „lange Bank" geschoben haben, wurde deutlich, daß einige Befragten nicht mitmachen wollten — entweder was sie selbst oder was die allgemeine Durchführung der Fragebogen anbelangte, und zwar aus verschiedenen Gründen. Diese umfaßten u.a. folgende Bedenken:

- das einfach Nicht-Mitmachen-Wollen
- die Befürchtung der Einmischung eines Fremden in ihre Angelegenheiten
- Angst vor dem staatlichen „big brother"-Syndrom
- die Angst wegen Schwarzarbeit
- das Gefühl, es ginge einen nichts an
- das Gefühl, es handelte sich um etwas Minderwertiges
- eine Behauptung, es wäre ein Verstoß gegen den Datenschutz.

Angesichts der Tatsache, daß die Aktion nur freiwillig und in voller Kenntnis der Befragten durchgeführt wurde, stellt das Nicht-Mitmachen-Wollen einen legitimen ganz Gesichtspunkt dar.

10. Zum Thema Mitmachen

Es zeigten sich unter den Antwortenden nicht nur eine breite Bereitschaft, sondern in manchen Fällen sogar ein Bedürfnis, Kontakt aufzunehmen oder um Auskünfte zu bitten.

11. Schlußbemerkungen

Trotz des Nicht-Mitmachens ist zu hoffen, daß die Ergebnisse auch insoweit auf Interesse stoßen; es bleibt indes lieber in Erinnerung die großzügige Bereitschaft derjenigen, die doch mitgemacht haben.

16. Fremdwörter

Bunreacht na hÉireann	Verfassung Irlands
Dáil Éireann	Unterhaus des irischen Parlaments
Foras Aiseanna Saothair	Berufsbildung- und Arbeitsanstalt

Oireachtas	Das irische Parlament
Seanad Éireann	Der Senat Irlands
Taoiseach	Premierminister

17. Schriftverkehr - Liste

Staatliche Stellen:

AnCO (s. u. FAS)
Botschaft der Bundesrepublik Deutschland, Dublin
Bundesanstalt für Arbeit, Nürnberg und Frankfurt a.M. (SEDOC-Stelle/ZAV)
Bundesministerium des Innern, Bonn
Central Bank, Dublin
CERT Ltd. - Dublin
COREPER - Mission of Ireland to the European Communities
Department of Foreign Affairs, Dublin
Department of Labour, Dublin
Department of Social Welfare, Dublin
Dublin University, Dublin
Embassy of Ireland, Bonn, und London
FAS - Foras Aiseanna Saothair, Dublin
Higher Education Authority, Dublin
Kommission der EG, Brüssel; Generaldirektion V
National Institute of Higher Education, Dublin (Dublin City University)
SEDOC (s. Bundesanstalt für Arbeit)
SFADCO - Shannon Free Airport Development Company, Shannon
Statistisches Bundesamt, Wiesbaden
University College, Cork
University College, Dublin
ZAV (s. Bundesanstalt für Arbeit)

Andere Einrichtungen und Personen:

AFS Interkulturelle Begegnungen e.V.
Dr. Eoin Bourke, Teilnehmer/Gästeprogramm zum Thema „Förderung des Deutsch-Unterrichts an irischen Schulen und Universitäten"
Carl-Duisberg-Gesellschaft e.V.
Catholic Bishops Commission on Emigration (Bishop of Raphoe)
Confederation of Irish Industry (CII)
Pater E. Duffy, Pfarrer/St. Kilian's Irish Catholic Mission, München (telefonisch)
Dr. Ulli Kochel (telefonisch)/Ms Bernadette Walsh - Institute of Irish Studies, Liverpool University
P. O'Gorman, RTE (Moderator einer Rundfunk-Serie zum Thema irische Auswanderung (einschließlich in die Bundesrepublik)
Professor Dr. P. O'Higgins, (in bezug auf 1970 Conference);

und:

Antwortende
Deutsch-Irische Vereine
Firmen, die die Fragebögen weitergeleitet haben

Äußerungsfreiheit und Informationsfreiheit als Menschenrechte

Die Verankerung der Äußerungs-, Informations-, Presse- und Rundfunkfreiheit sowie des Zensurverbots in völkerrechtlichen Übereinkommen und in den Rechtsordnungen der KSZE-Staaten

unter besonderer Berücksichtigung rechtsphilosophischer und rechtsgeschichtlicher Hintergründe

Von

Gilbert-Hanno Gornig

Schriften zum Völkerrecht, Band 88

LVIII, 928 S. 1988. DM 298,–

ISBN 3-428-06540-9

Die Meinungs-, Äußerungs-, Informations-, Presse- und Rundfunkfreiheit gehören zu den wichtigsten Freiheitsrechten des Menschen. Ihre Verwirklichung ist für ein besseres Verständnis zwischen den Menschen und Völkern, für eine gedeihliche Zusammenarbeit zwischen den Staaten und zur Bewahrung des Friedens in der Welt erforderlich. Für den einzelnen bedeutet sie eine Grundbedingung freiheitlicher Lebensgestaltung und notwendiges Mittel zur Verwirklichung der menschlichen Persönlichkeit. Bei der Äußerungs- und Informationsfreiheit handelt es sich um Rechte, die dem einzelnen kraft seines Menschseins zustehen. Sie werden nicht vom Staate geschaffen, sondern von ihm vorgefunden. Sie wurzeln im Naturrecht und sind unabänderlich. Sie stehen dem Menschen mit dem Eintritt ins Leben als „Urbesitz“ zu, weil er das ranghöchste Wesen der sinnfälligen Welt ist. Nur wegen des geordneten Zusammenlebens mit anderen Individuen hat der einzelne Beschränkungen seines Freiheitsraumes zu erdulden, deren Regelung Aufgabe des Staates ist, den sich der Mensch zu diesem Zwecke schafft.

Duncker & Humblot · Berlin